IDENTIKID

für albin

IdentiKid
Text & Zeichnungen: Moa Romanova
Übersetzung aus dem Schwedischen: Katharina Erben
ISBN: 978-3-96445-035-7

© Moa Romanova Strinnholm, 2018
© für die deutsche Ausgabe: avant-verlag GmbH, 2020
Translation made in arrangement with Am-Book (www.am-book.com)

Redaktion: Johann Ulrich & Benjamin Mildner
Lettering: Tinet Elmgren
Herausgeber: Johann Ulrich

avant-verlag GmbH
Weichselplatz 3–4
12045 Berlin
info@avant-verlag.de

Diese Publikation wurde großzügigerweise vom schwedischen Kulturrådet gefördert. Herzlichen Dank!

KULTURRÅDET

Mehr Informationen und kostenlose Leseproben finden Sie online:
www.avant-verlag.de
facebook.com/avant-verlag

MOA ROMANOVA

IDENTIKID

Übersetzung aus dem Schwedischen:
Katharina Erben

avant-verlag

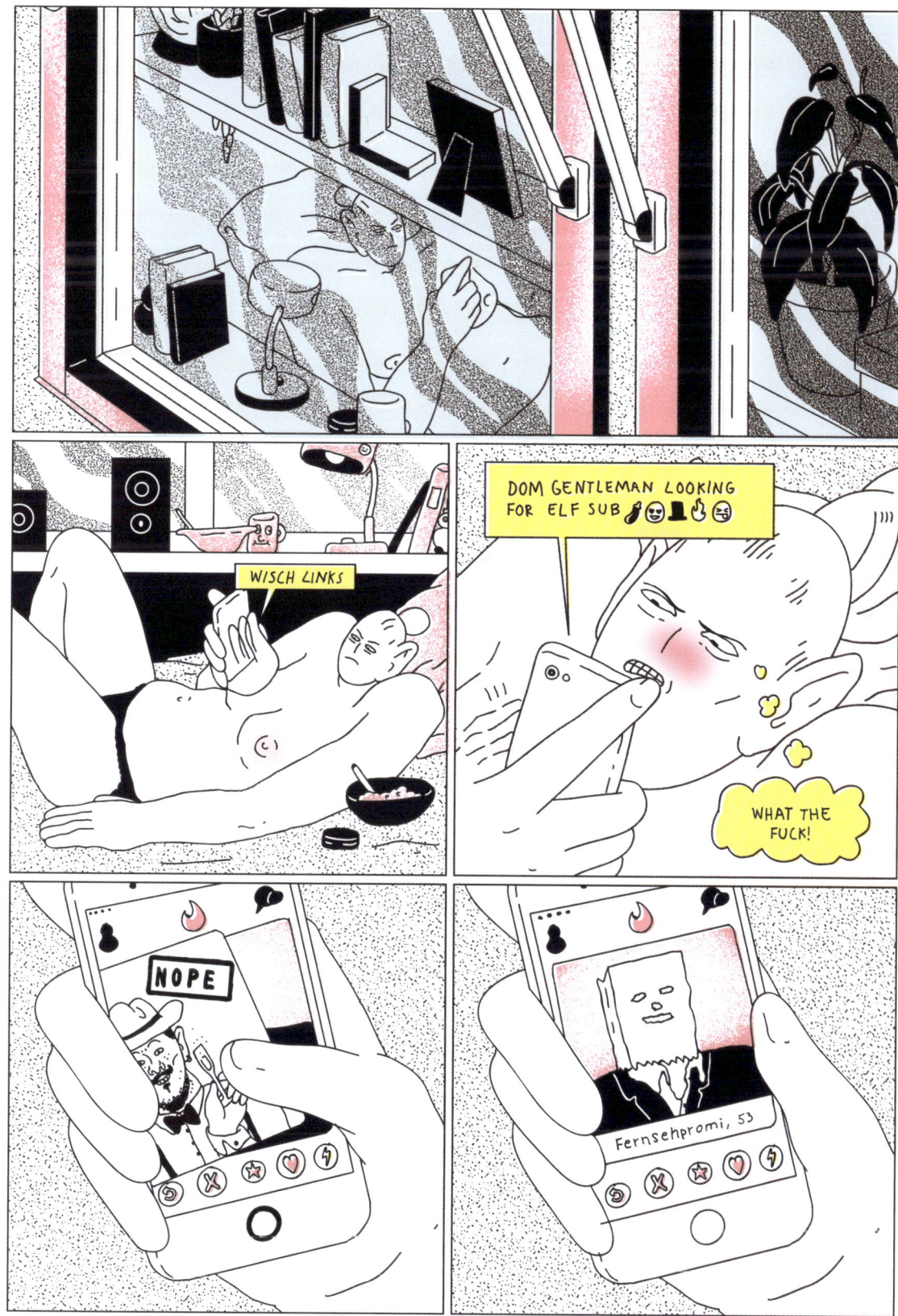

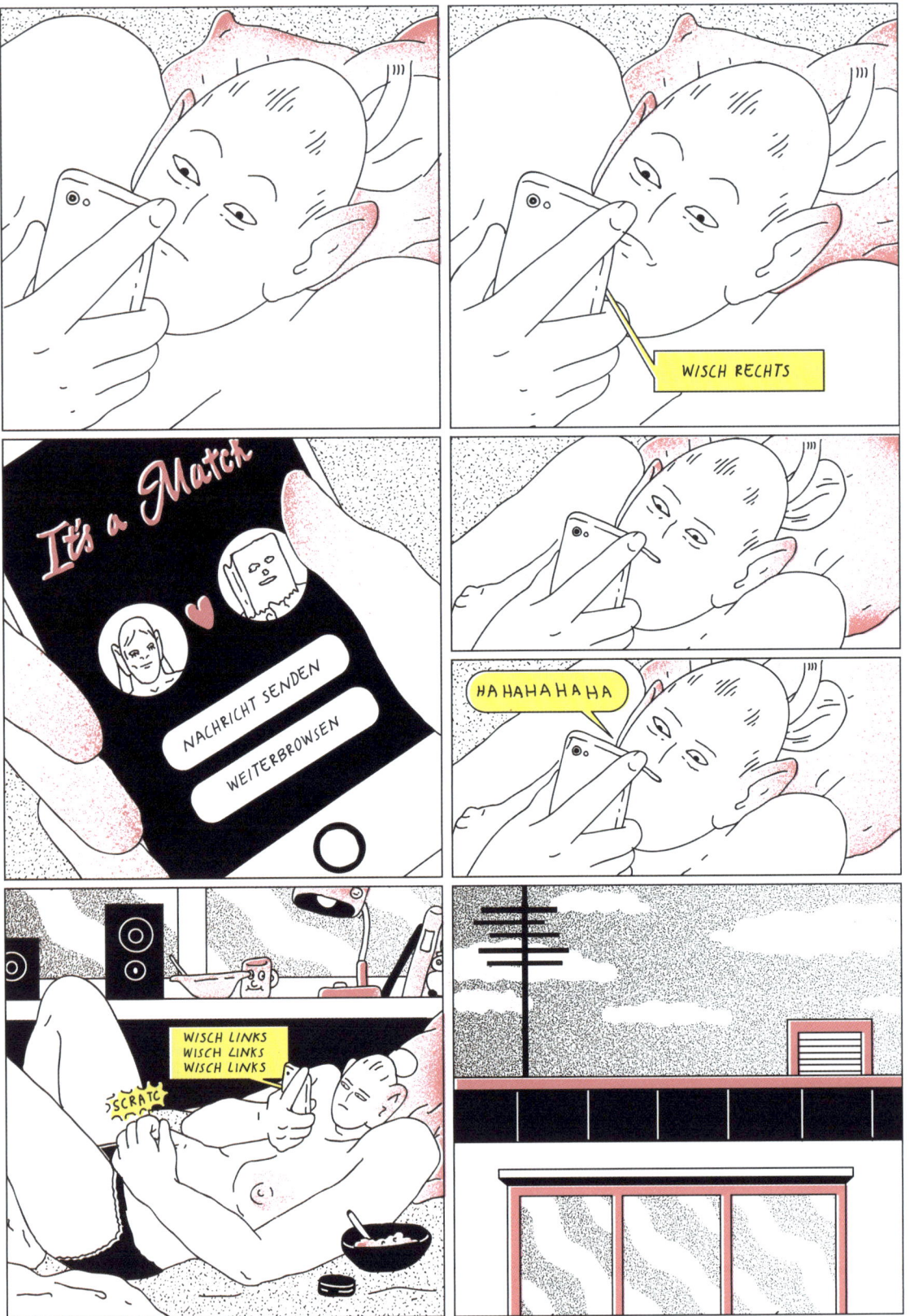

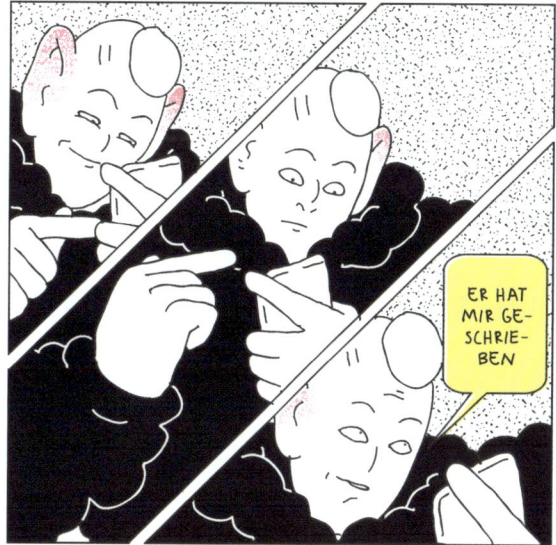

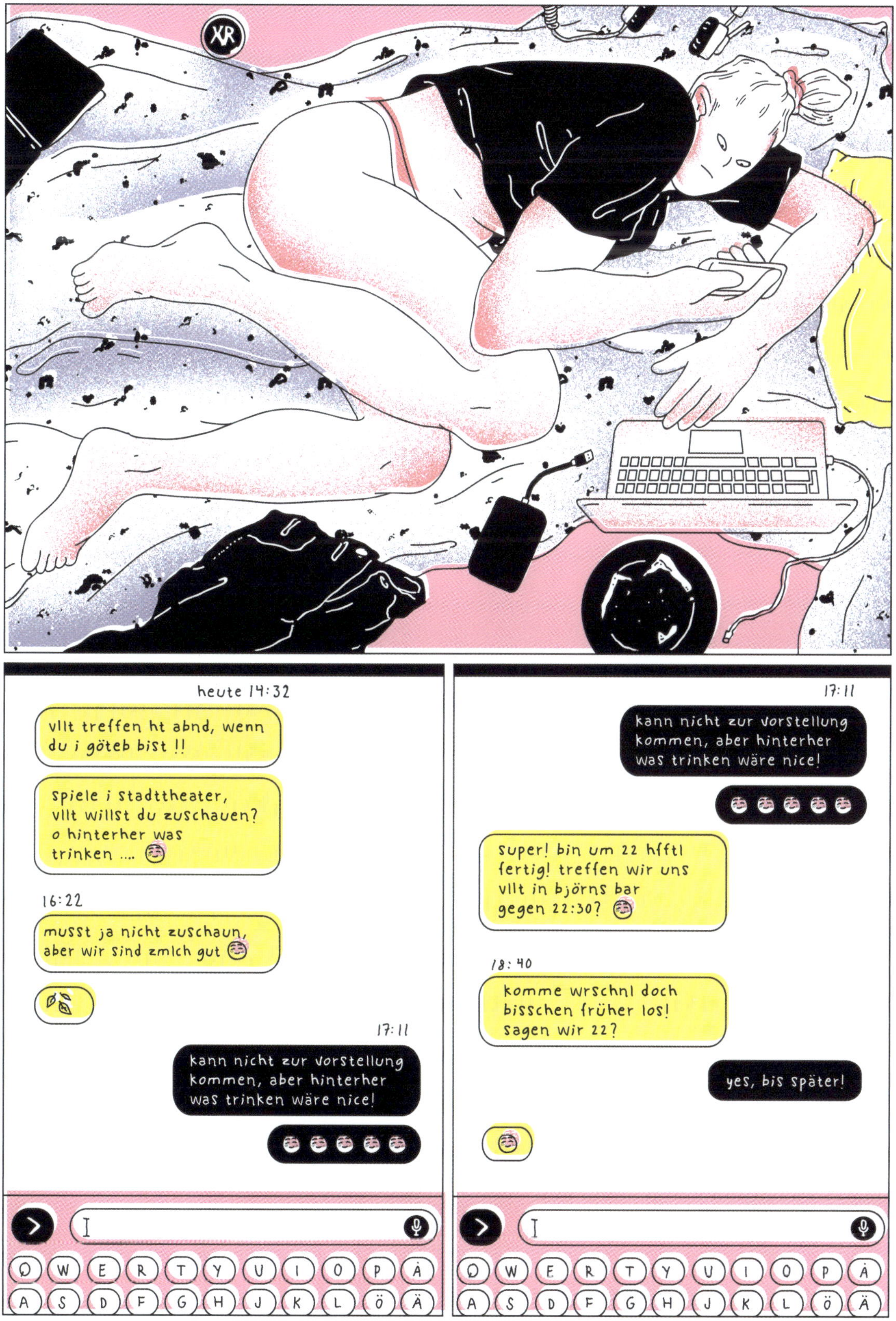

heute 14:32

vllt treffen ht abnd, wenn du i göteb bist !!

spiele i stadttheater, vllt willst du zuschauen? o hinterher was trinken .... 😂

16:22

musst ja nicht zuschaun, aber wir sind zmlch gut 😂

🍋🍋

17:11

kann nicht zur vorstellung kommen, aber hinterher was trinken wäre nice!

😂😂😂😂😂

17:11

kann nicht zur vorstellung kommen, aber hinterher was trinken wäre nice!

😂😂😂😂😂

super! bin um 22 hfftl fertig! treffen wir uns vllt in björns bar gegen 22:30? 😂

18:40

komme wrschnl doch bisschen früher los! sagen wir 22?

yes, bis später!

😂

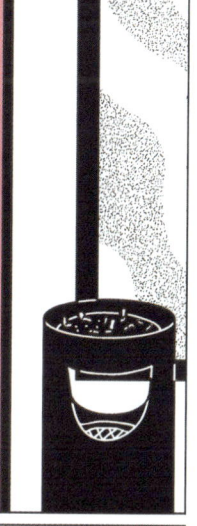

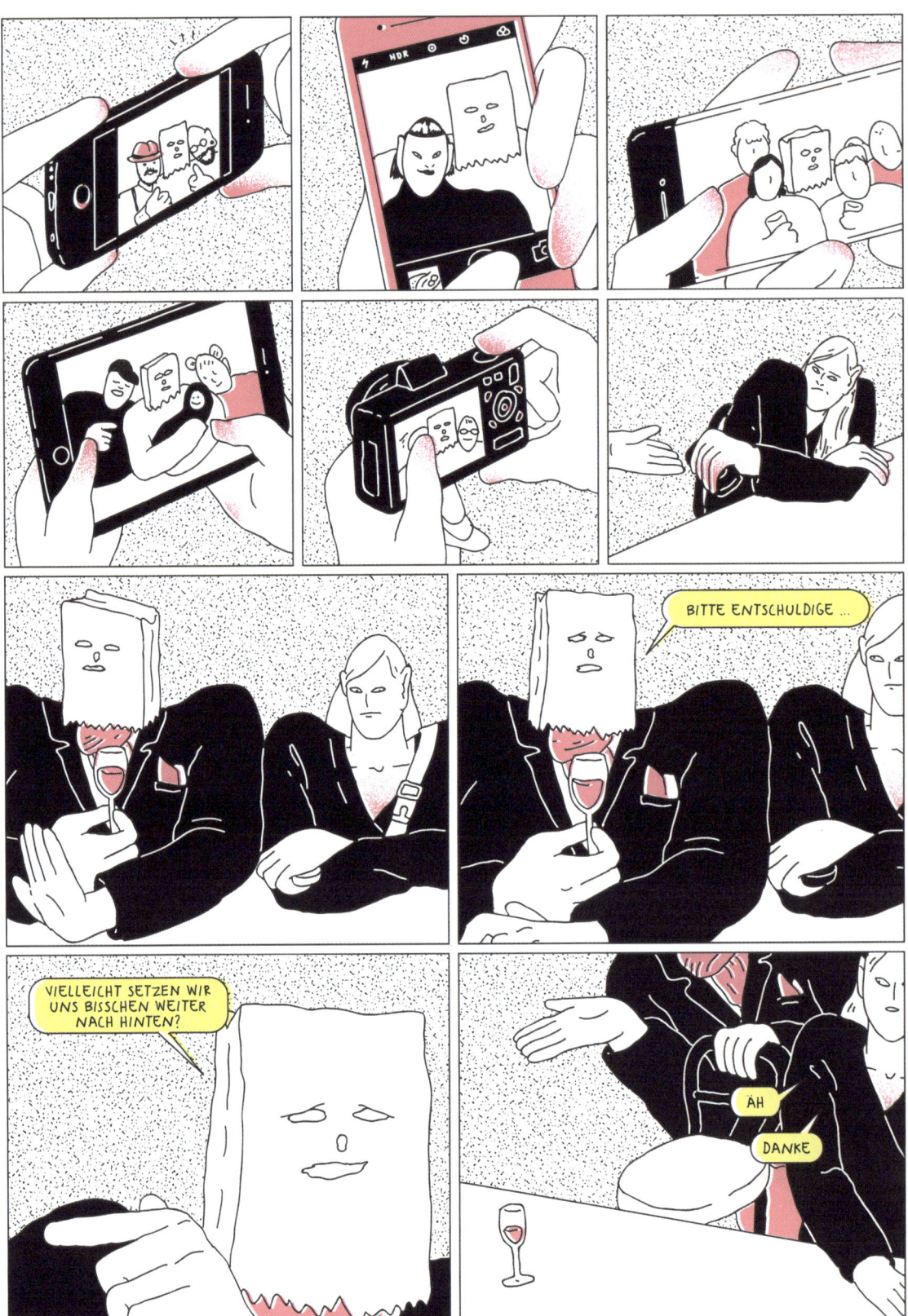

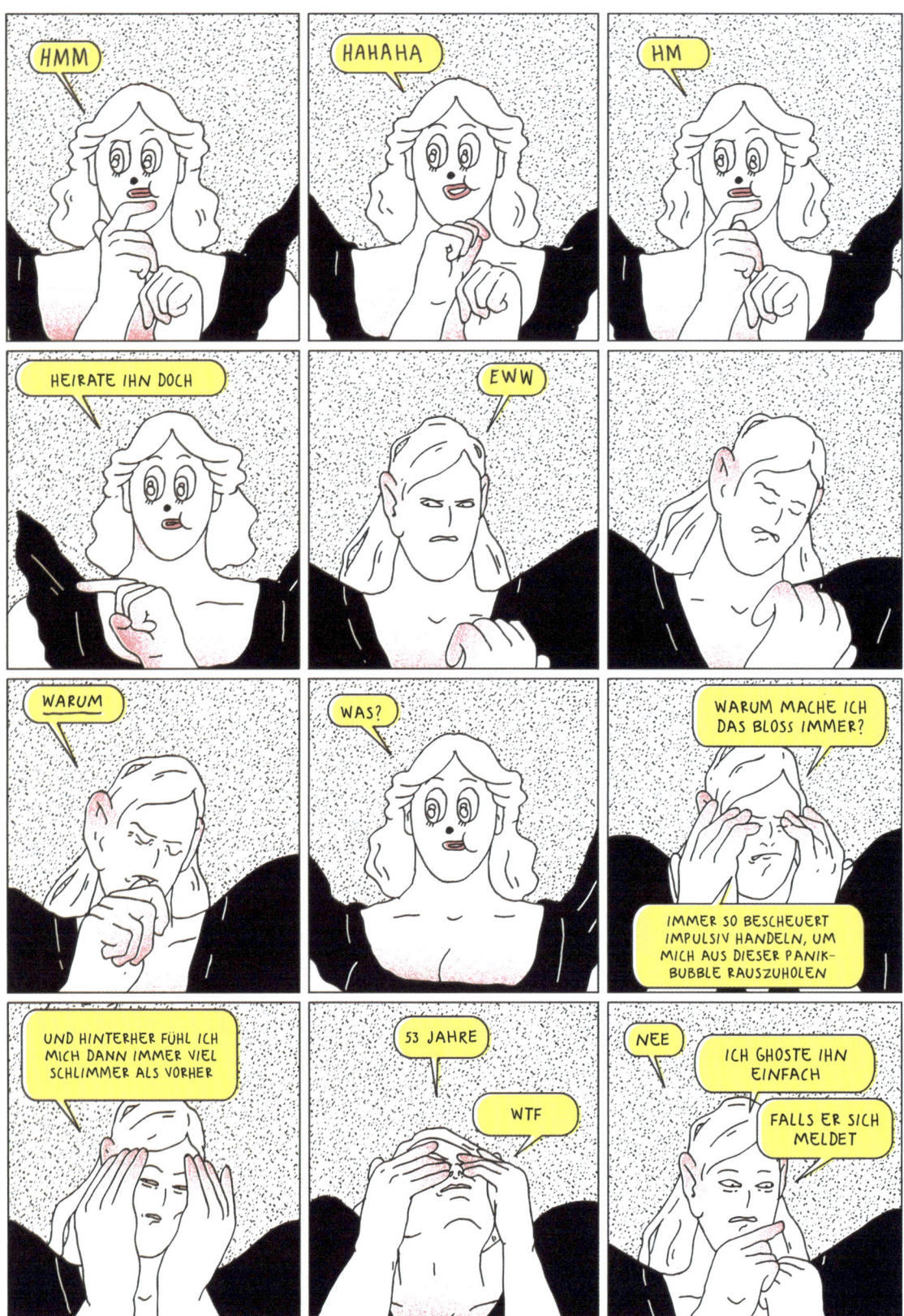

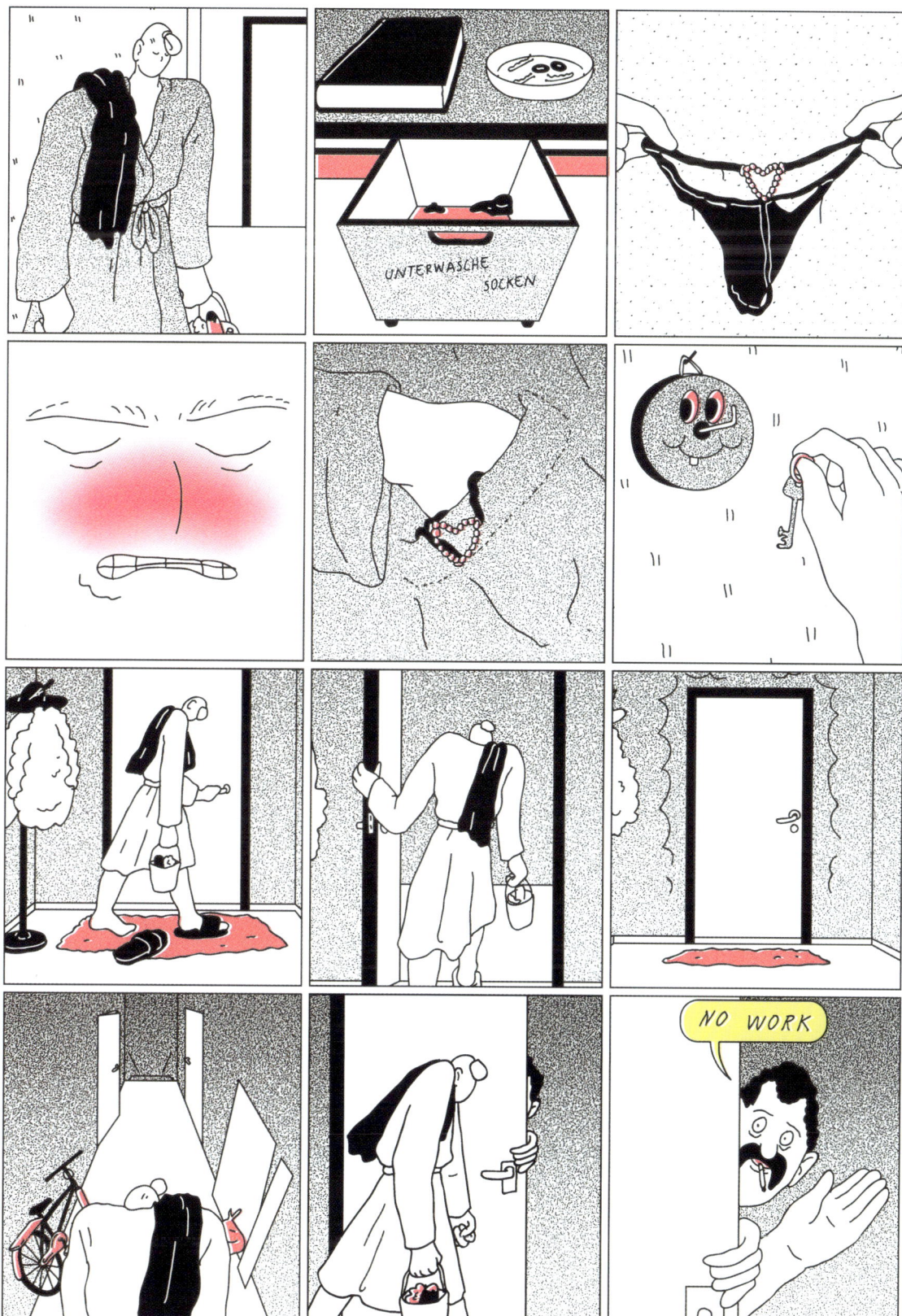

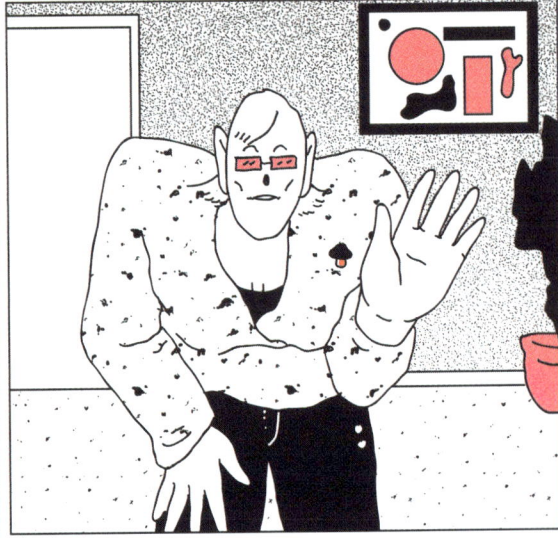

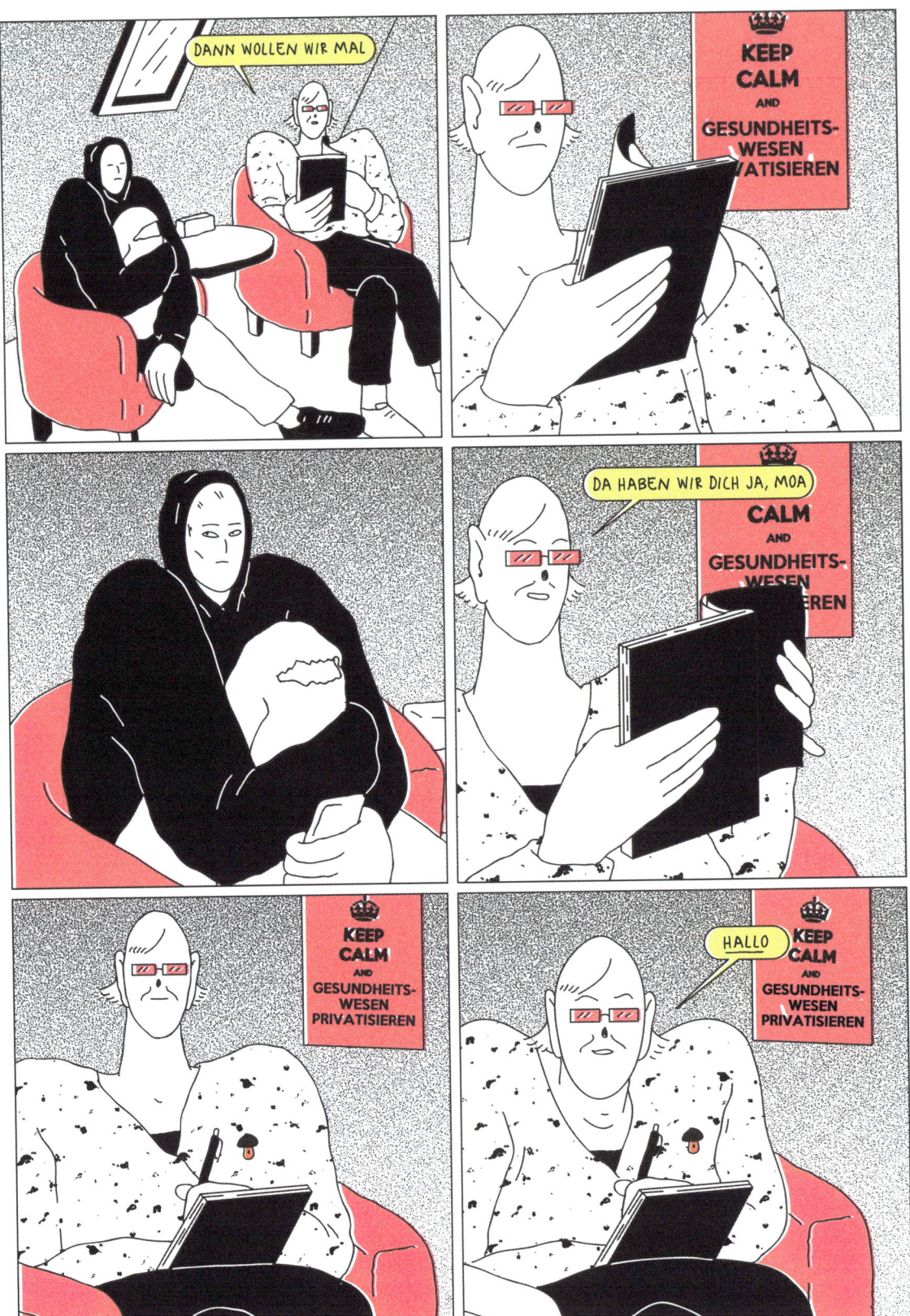

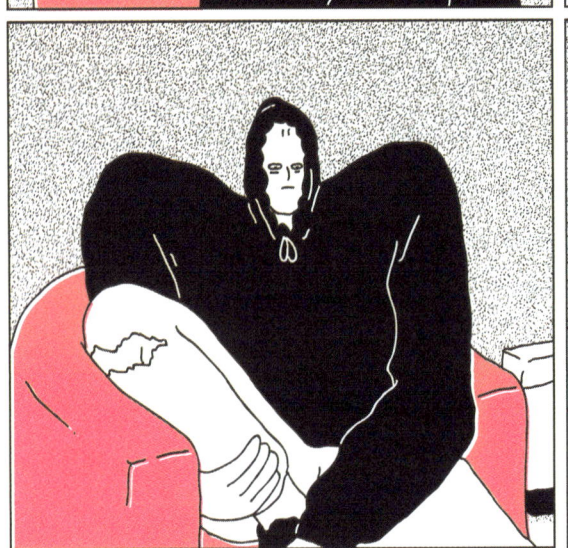

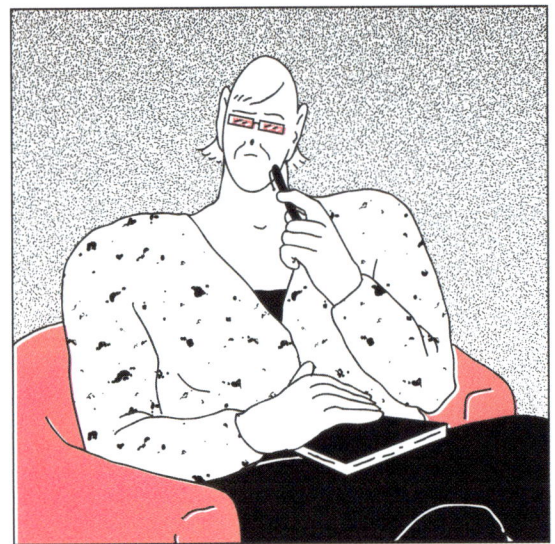

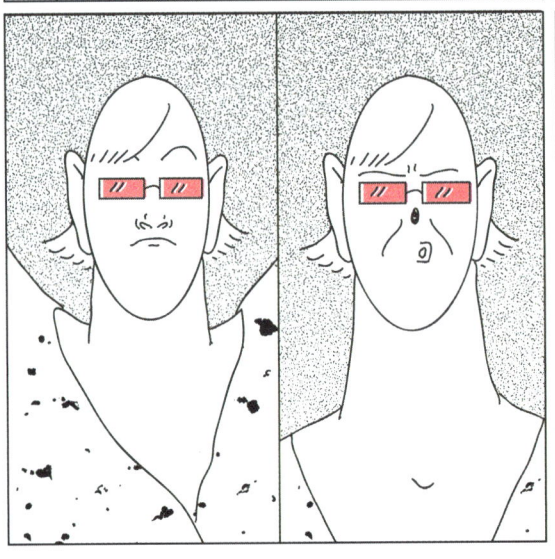

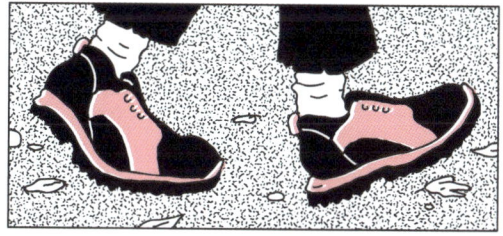
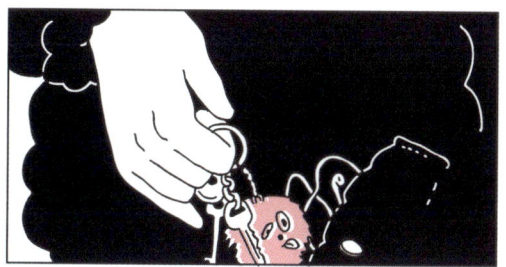

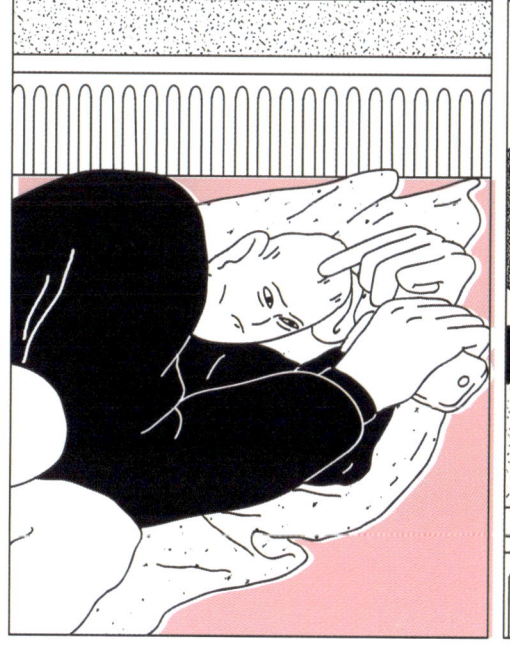

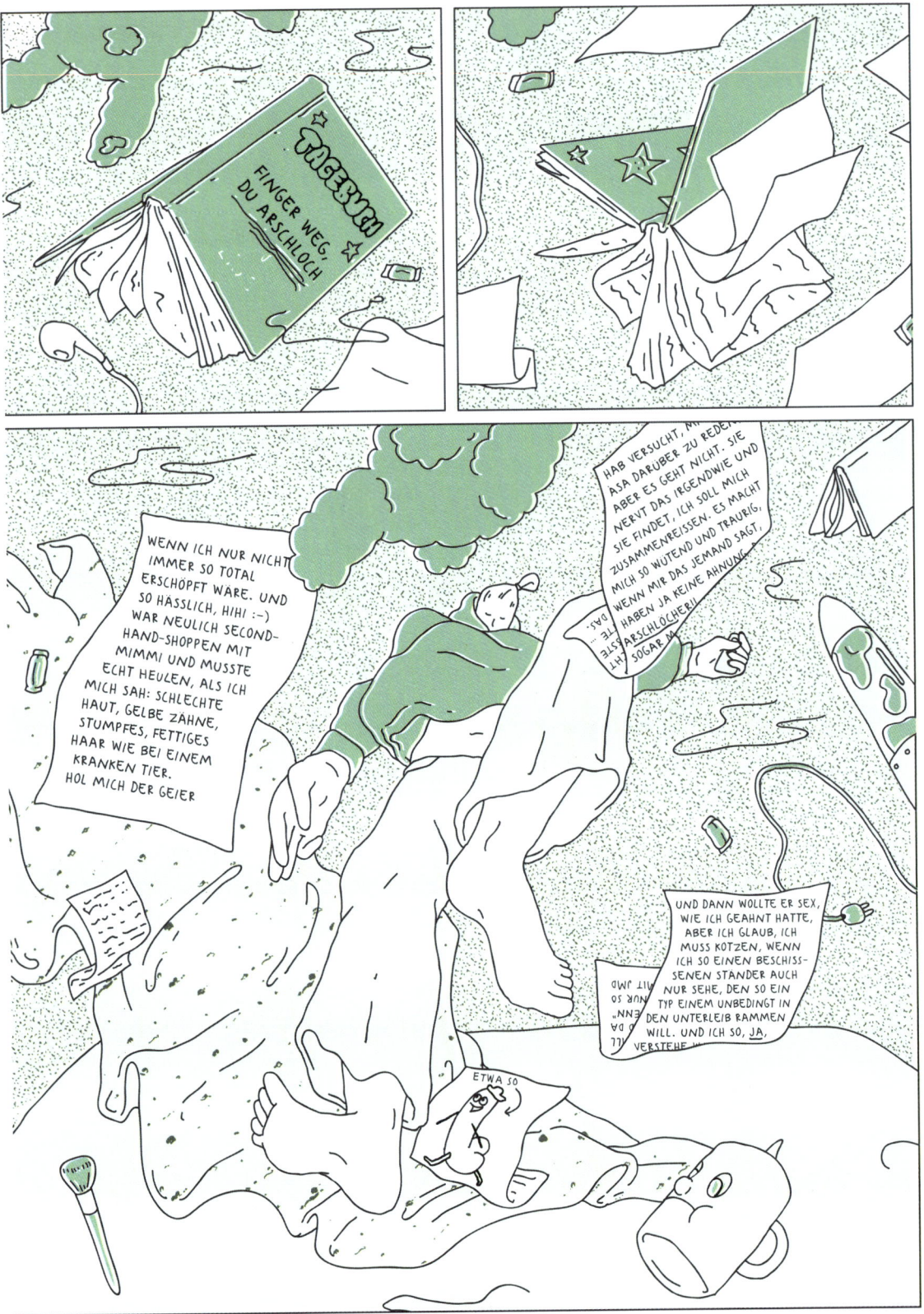

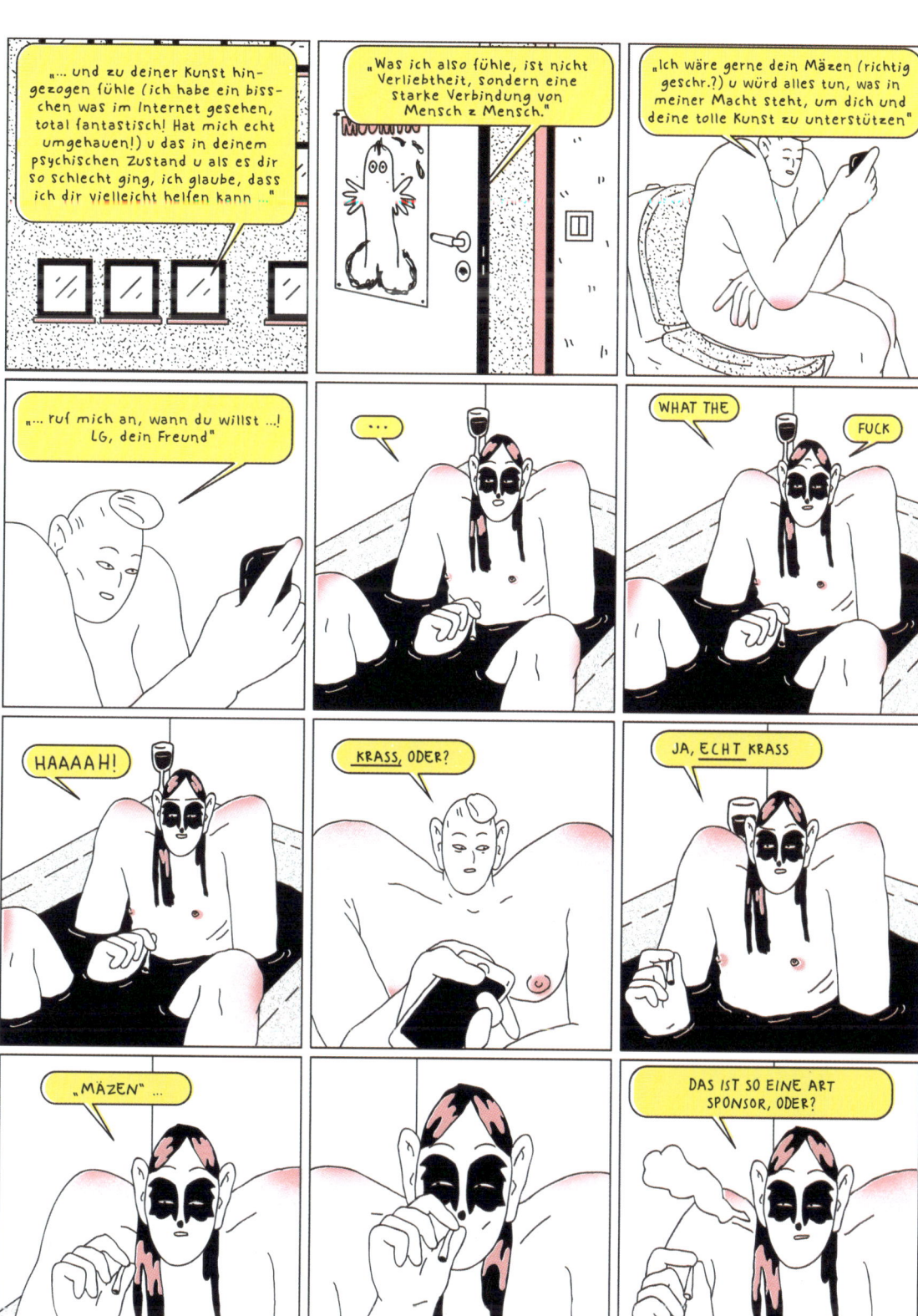

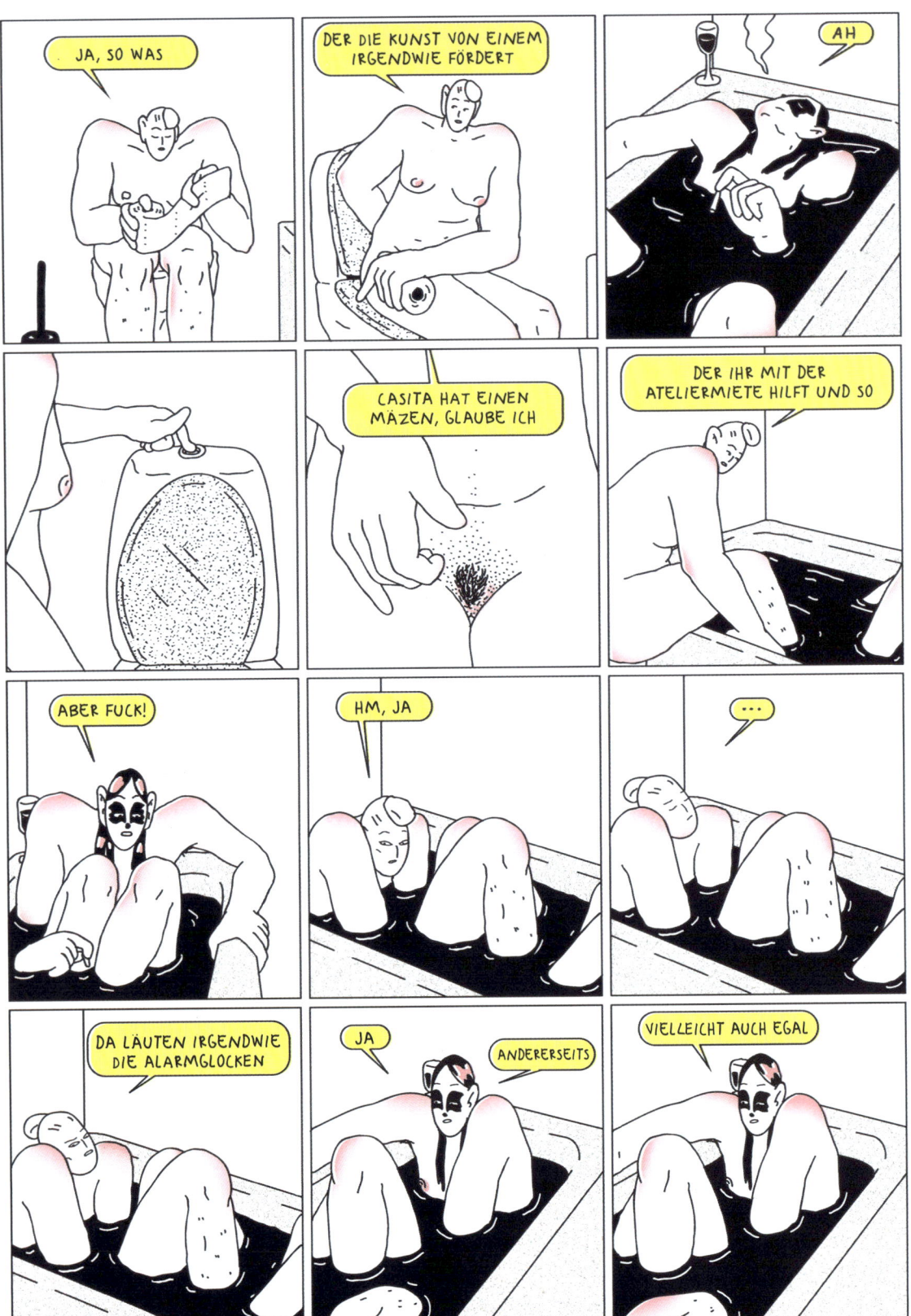

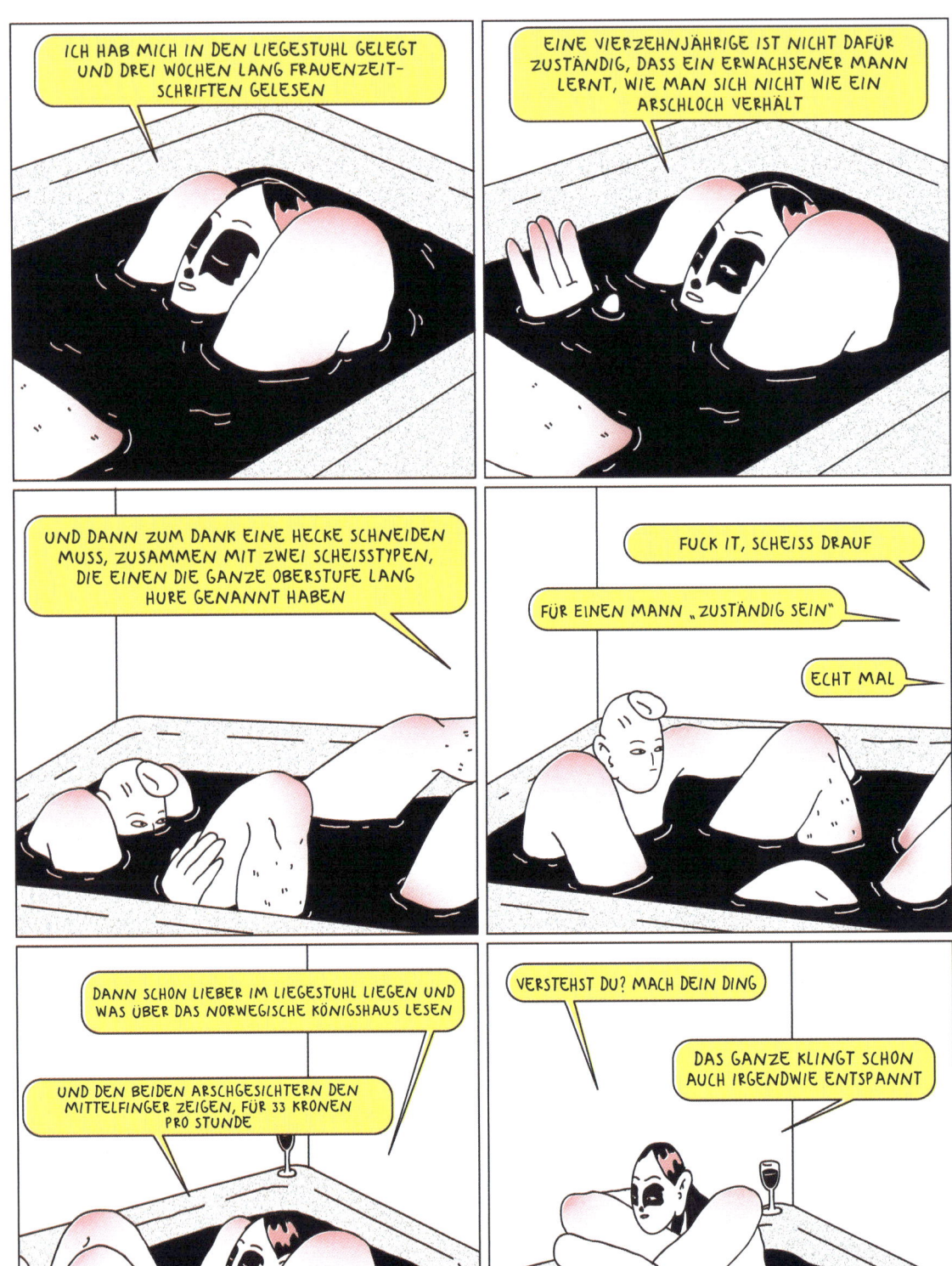

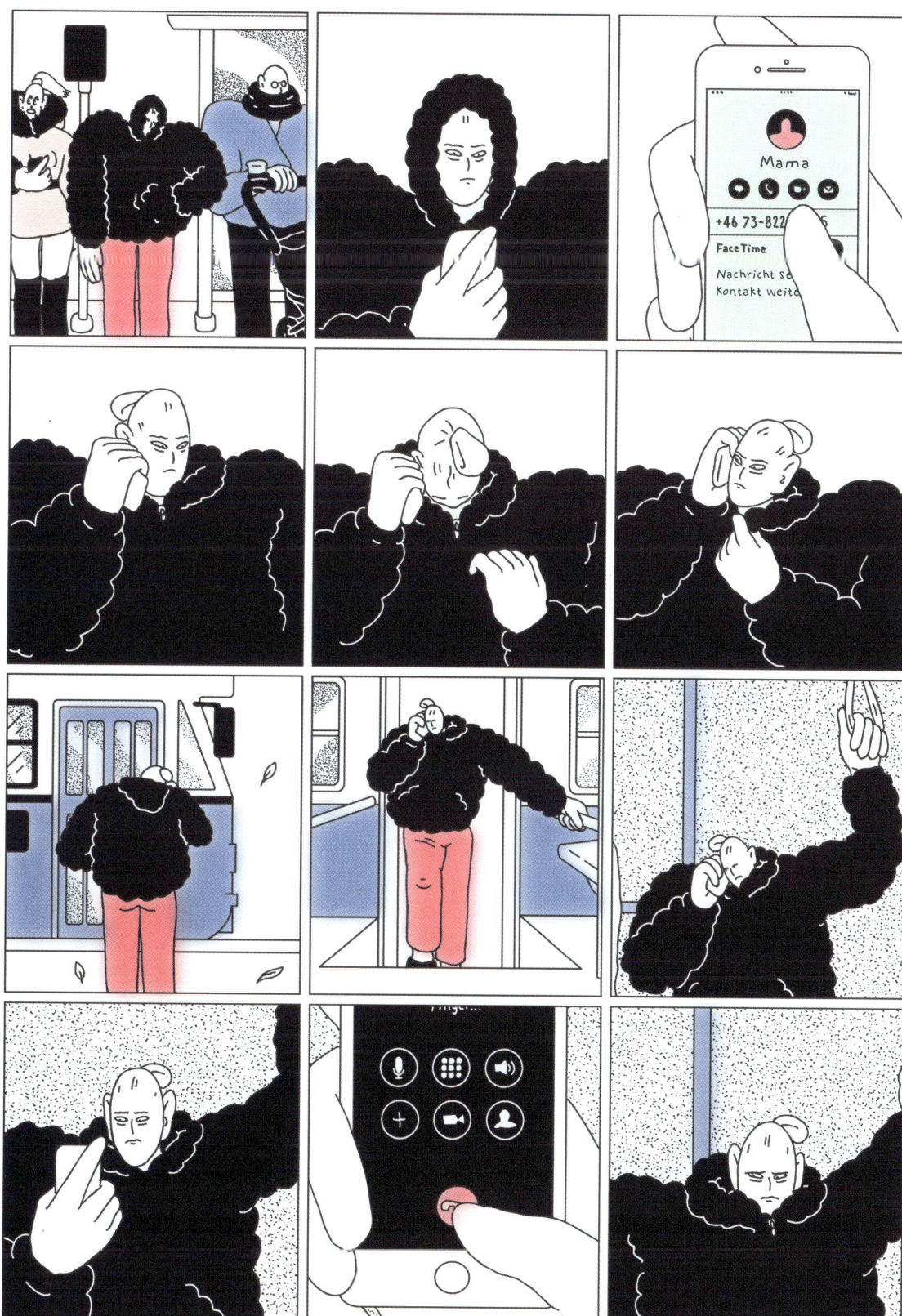

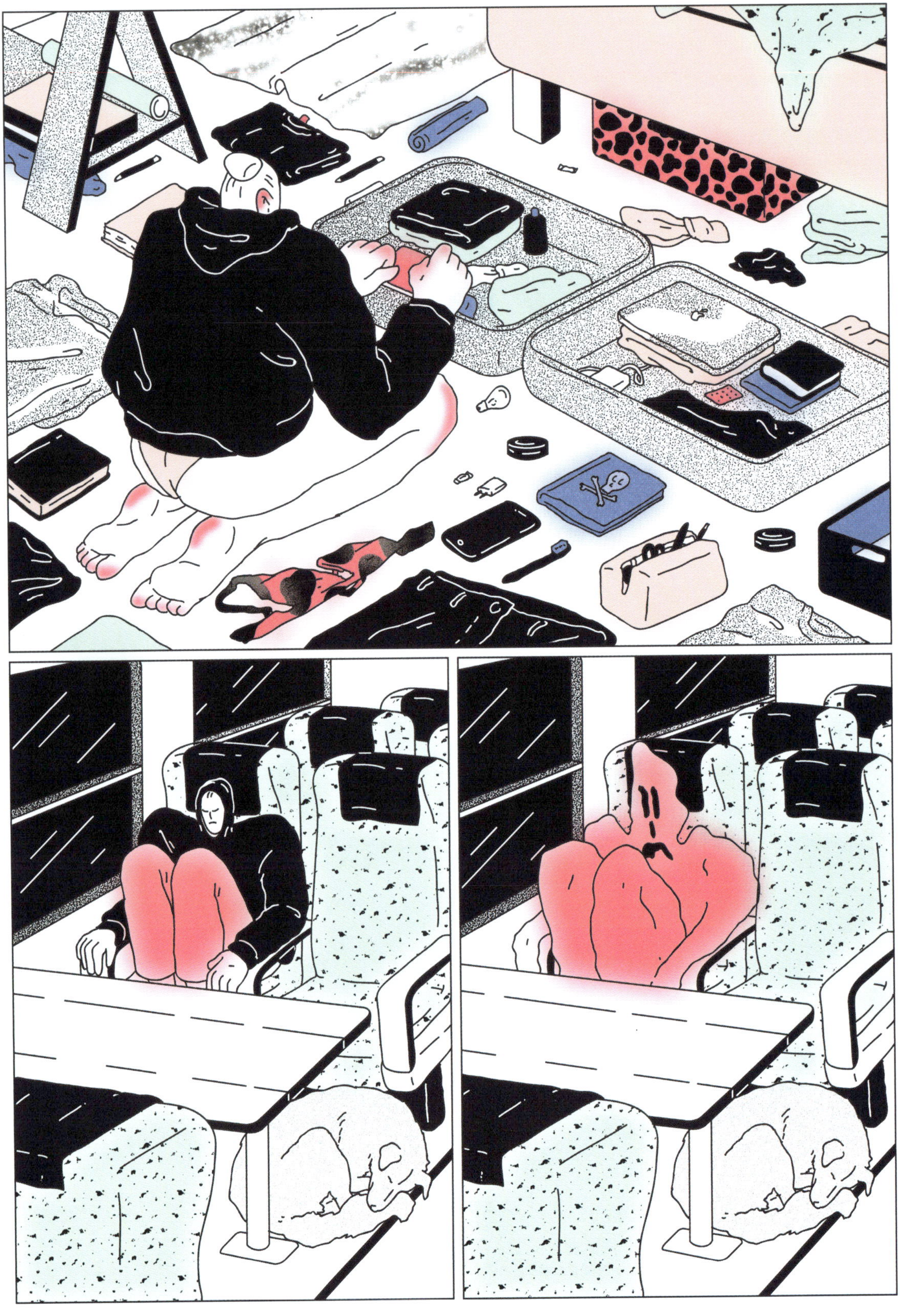

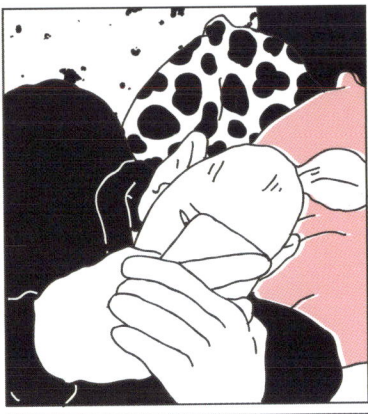

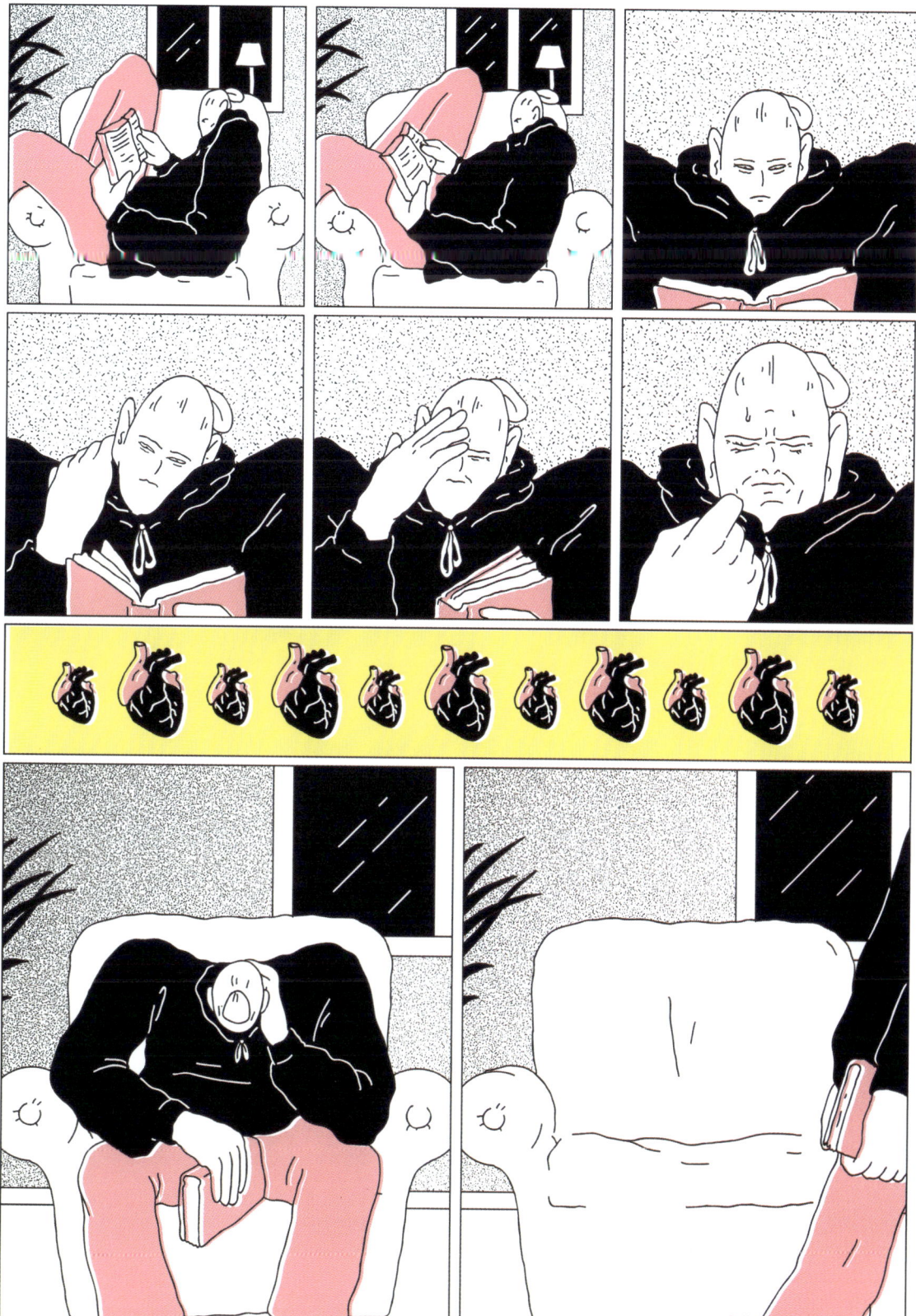

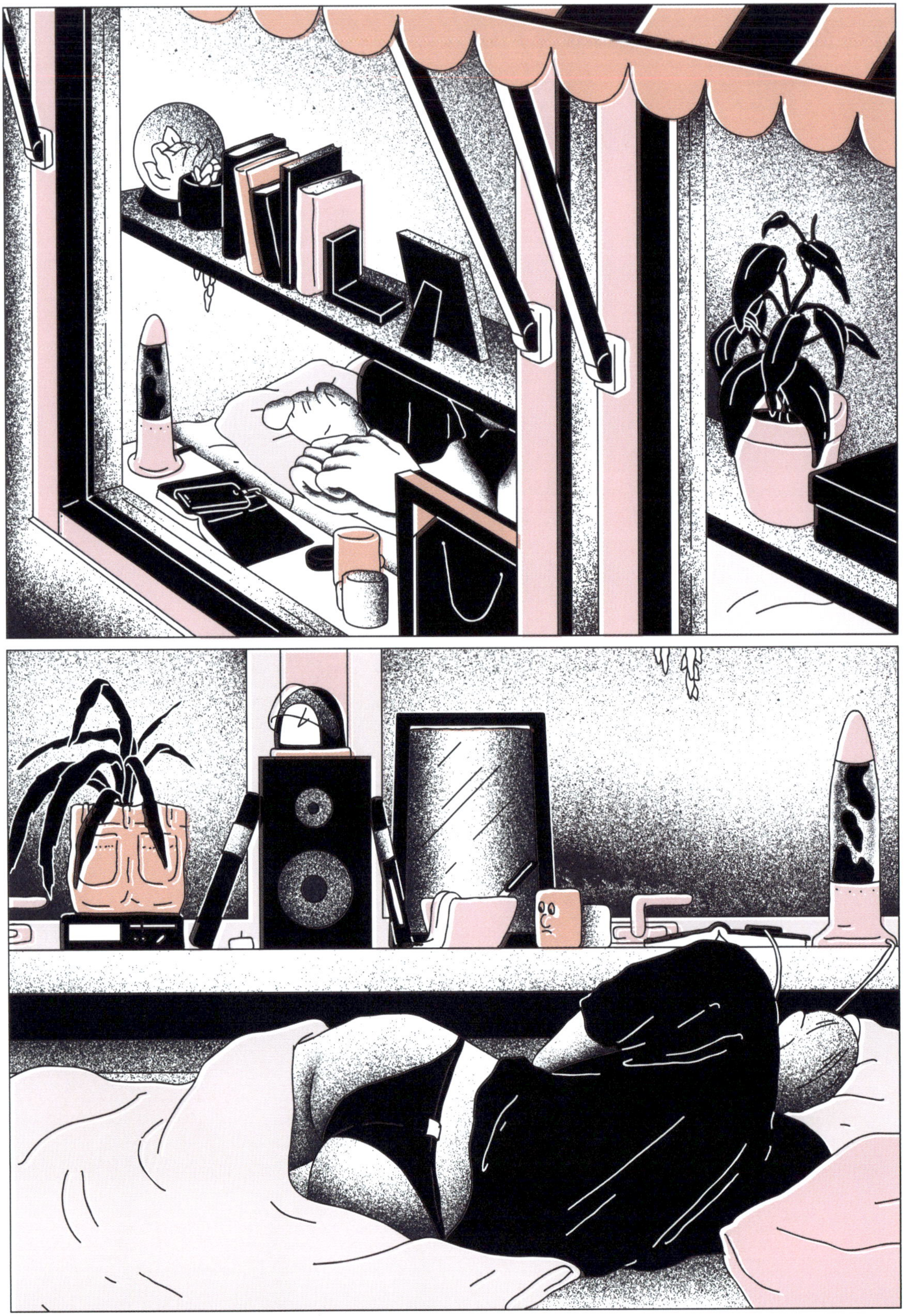

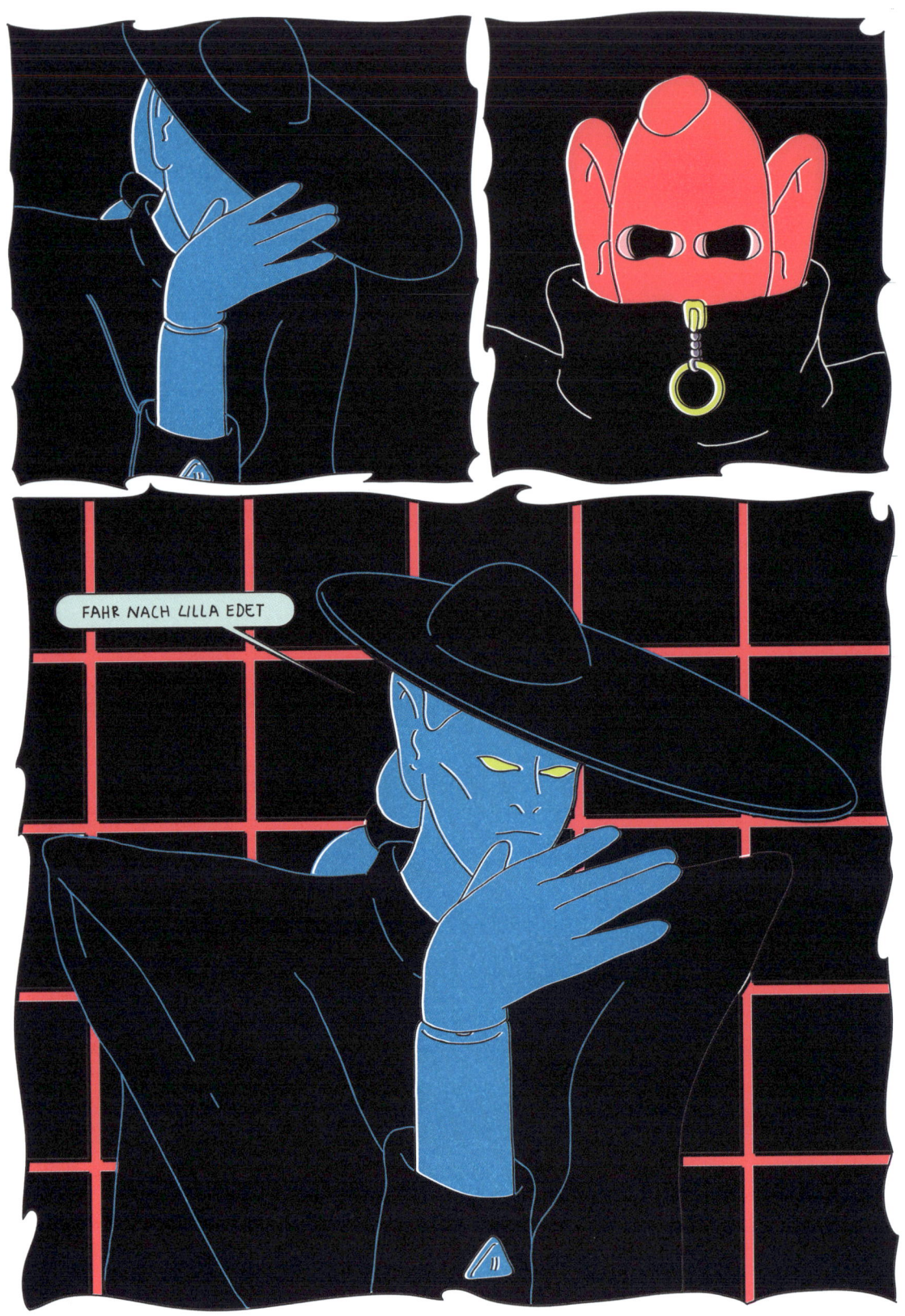

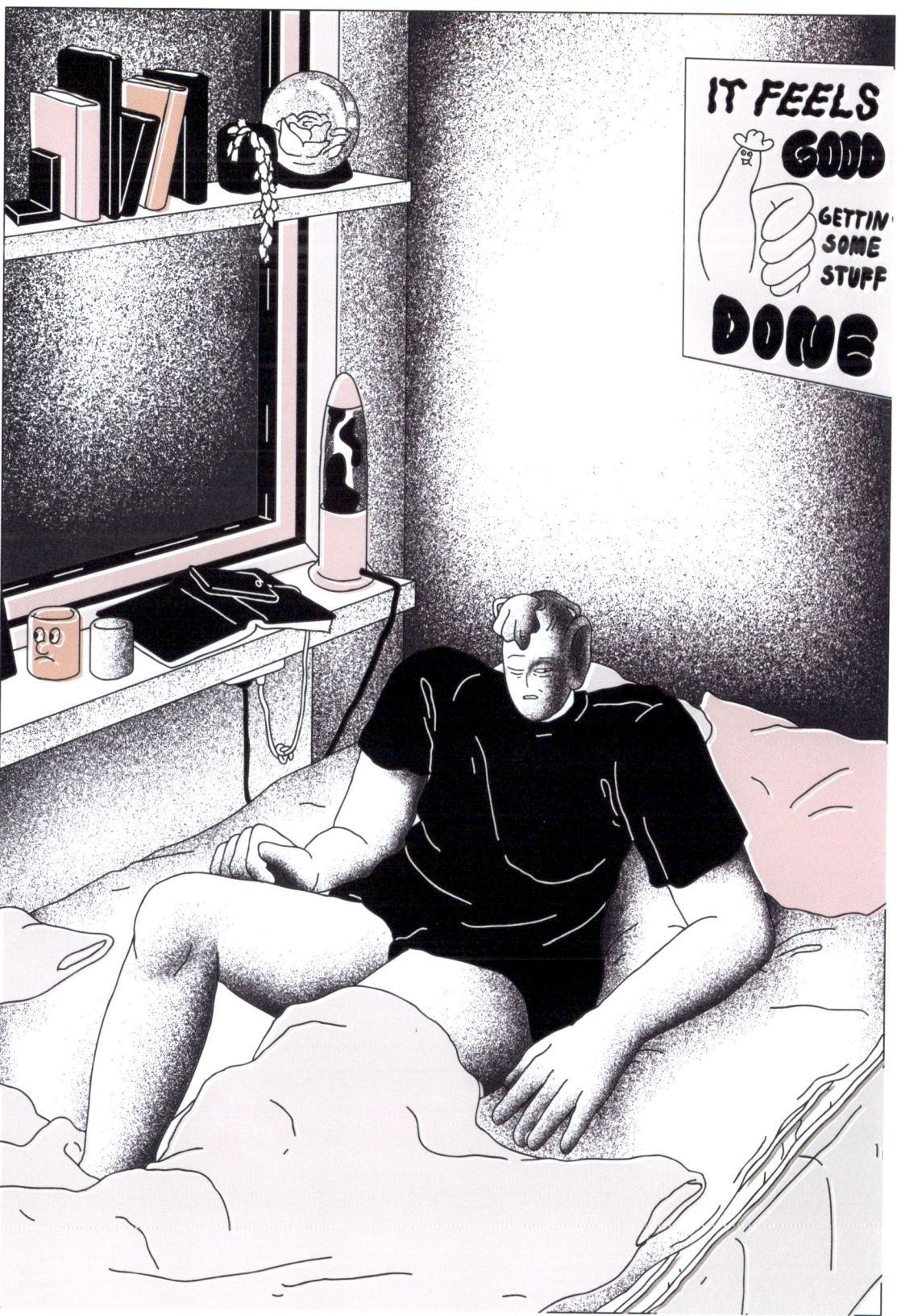

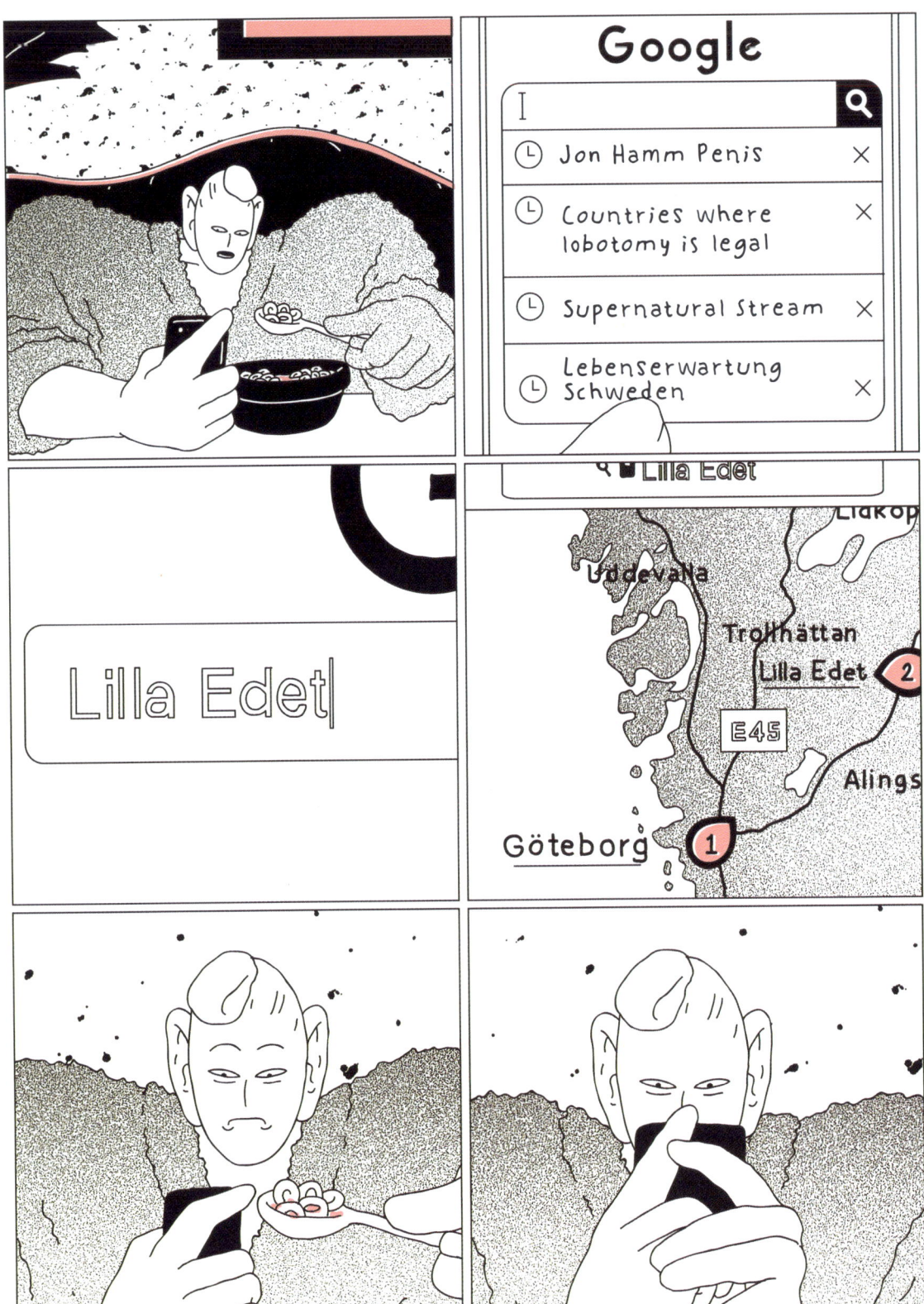

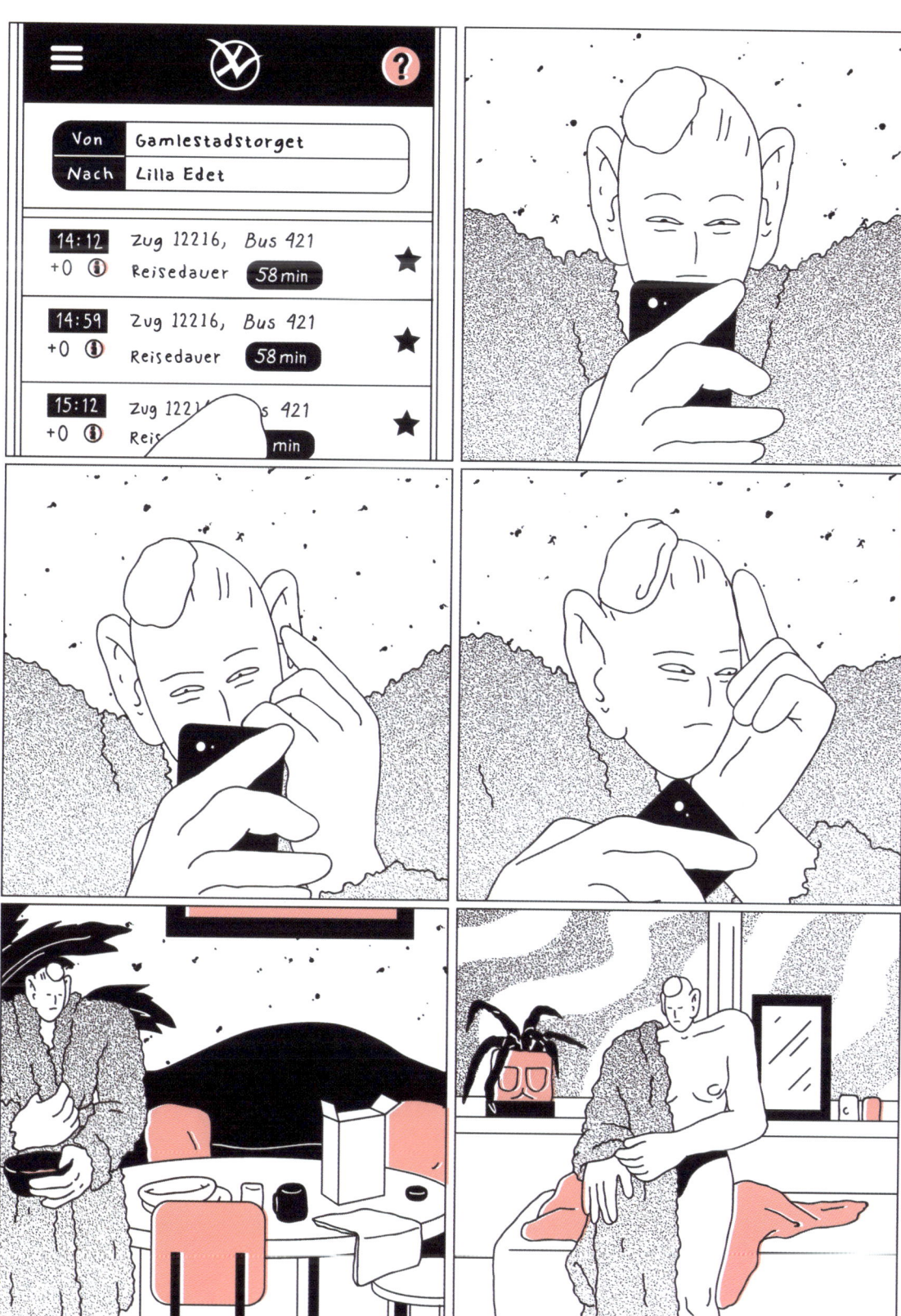

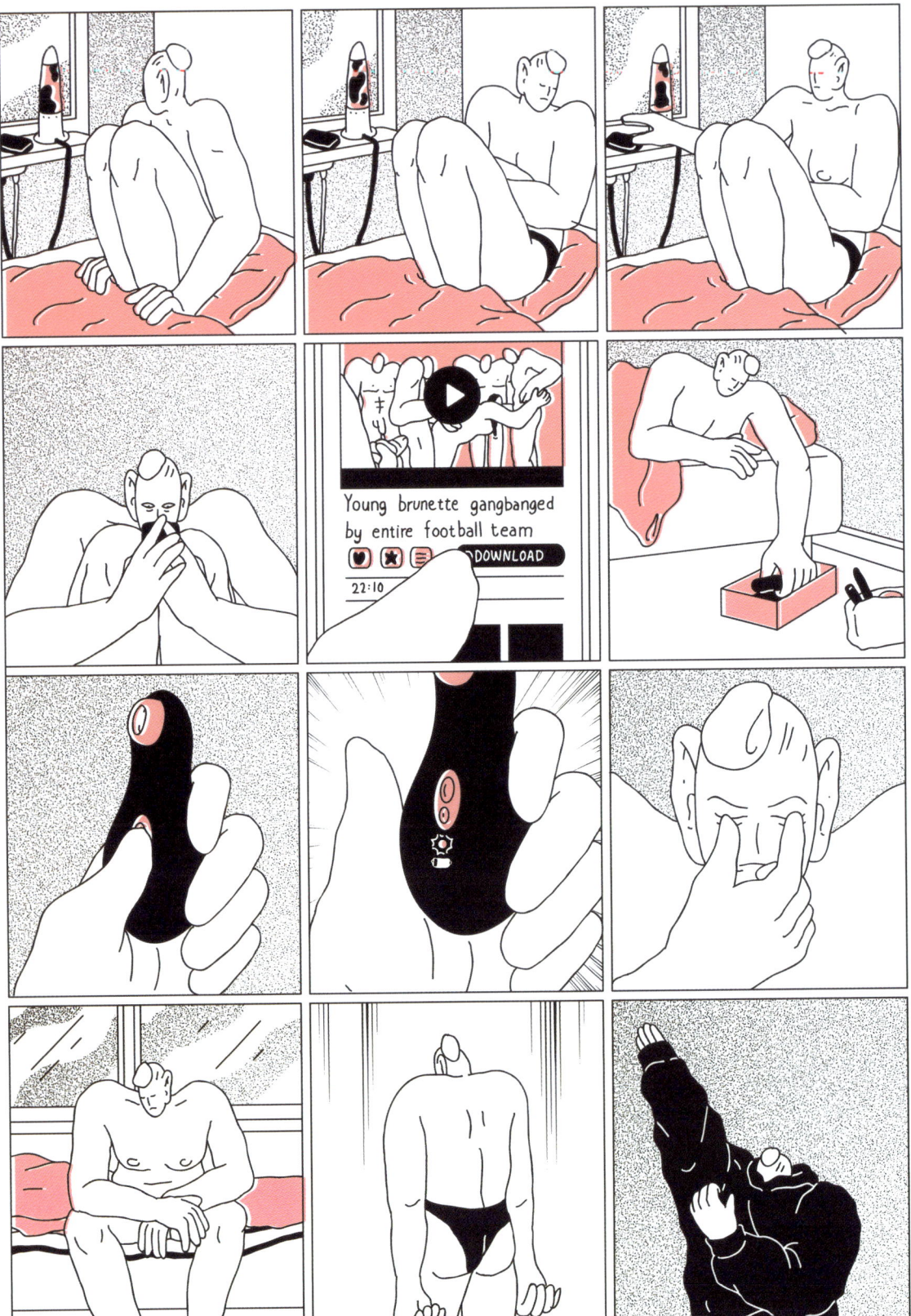

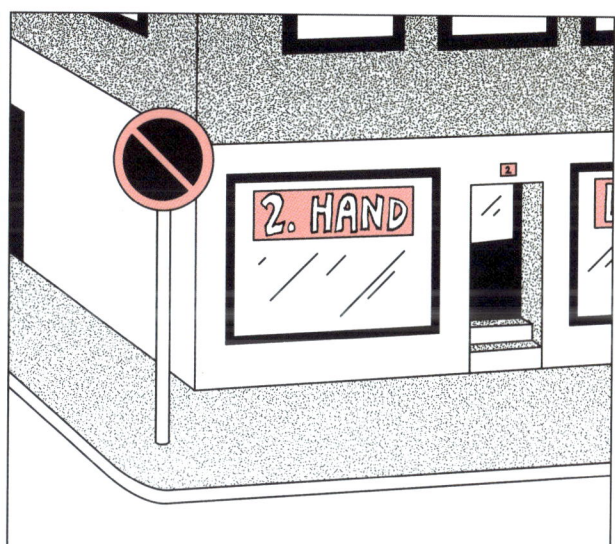

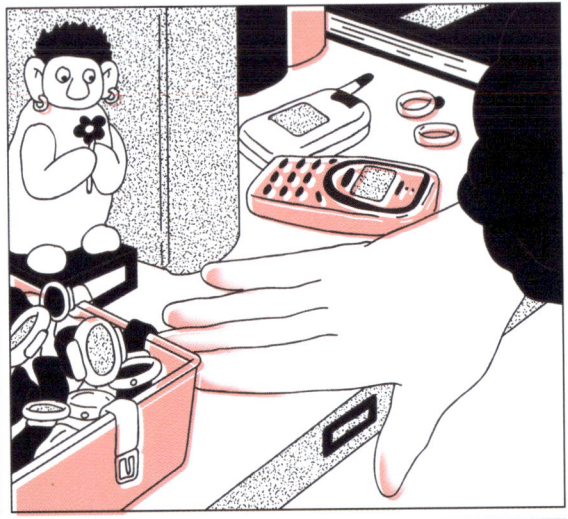
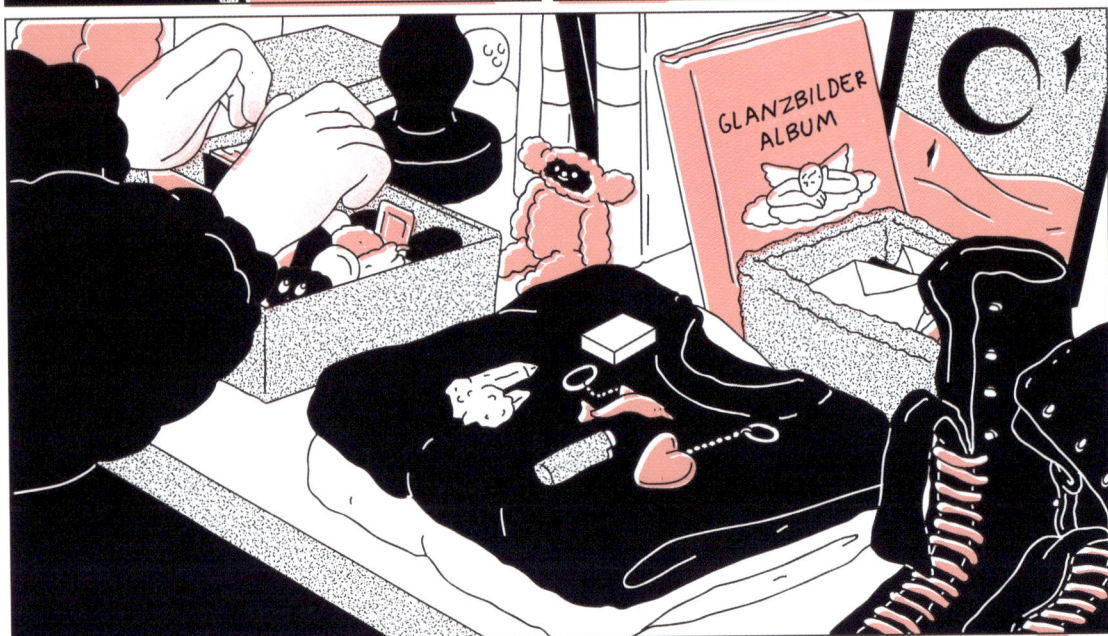

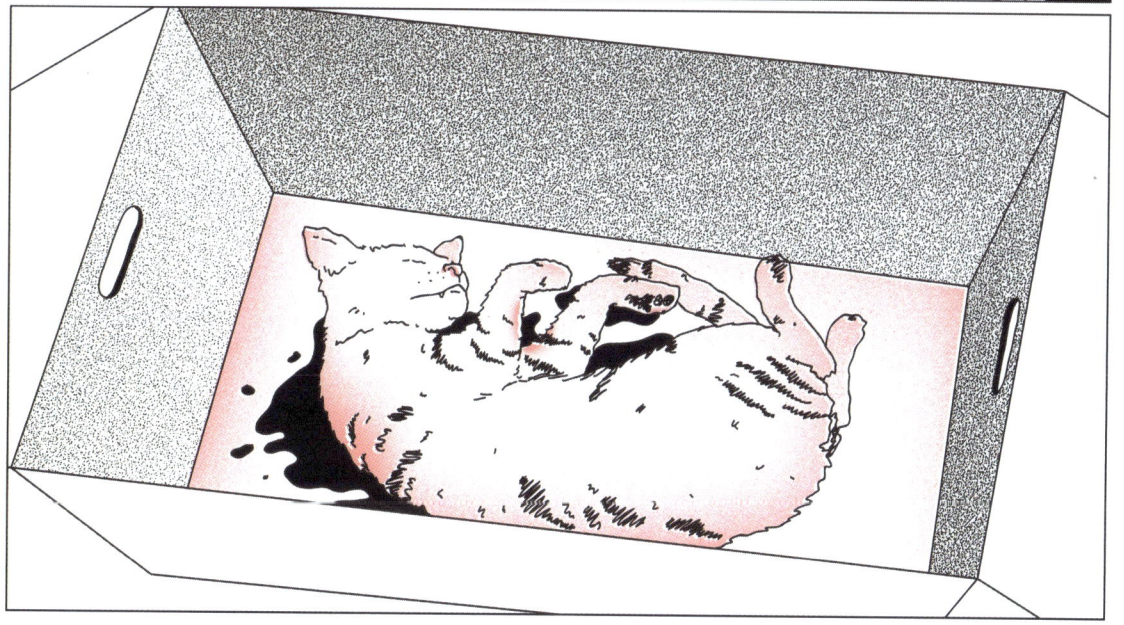

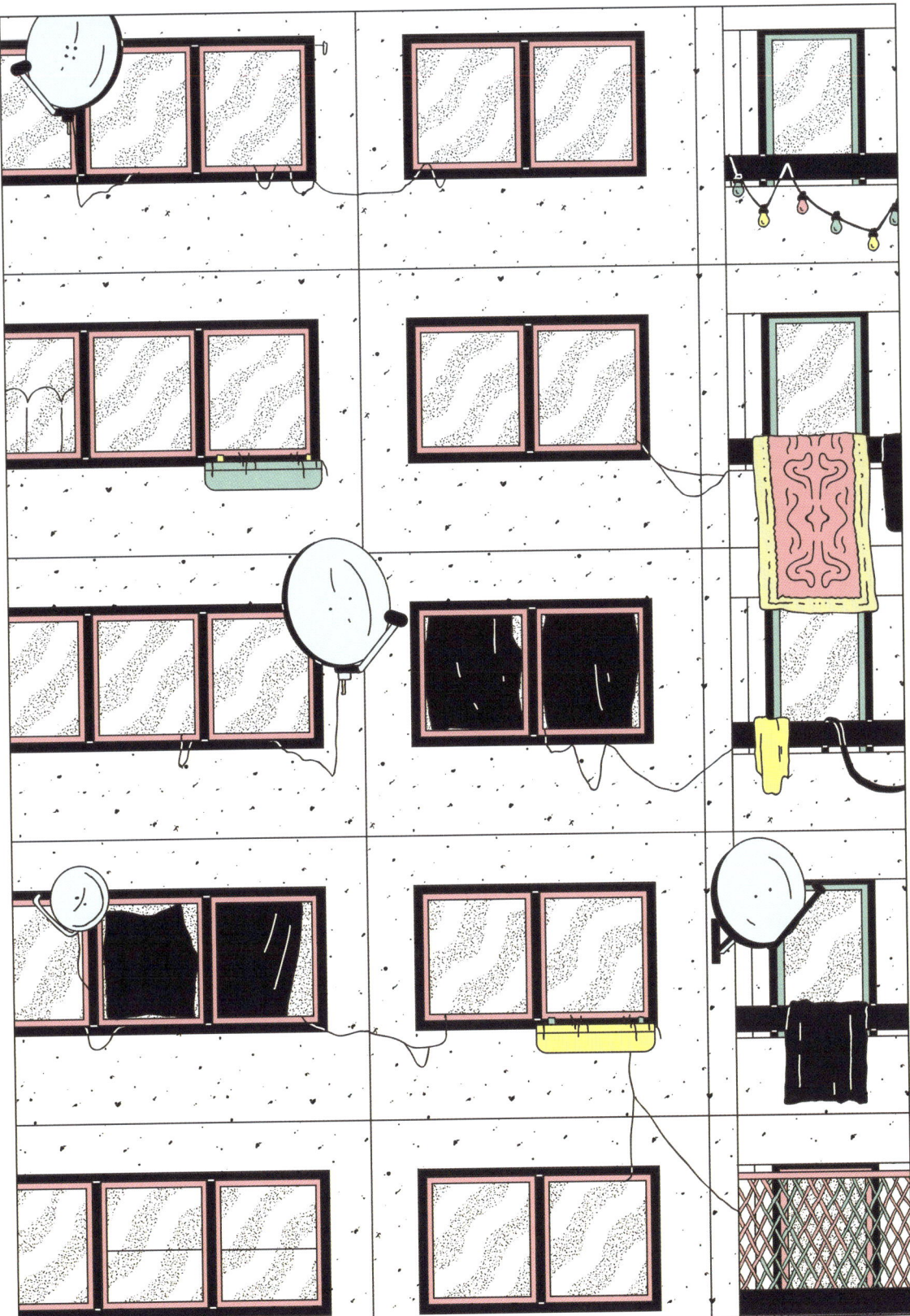

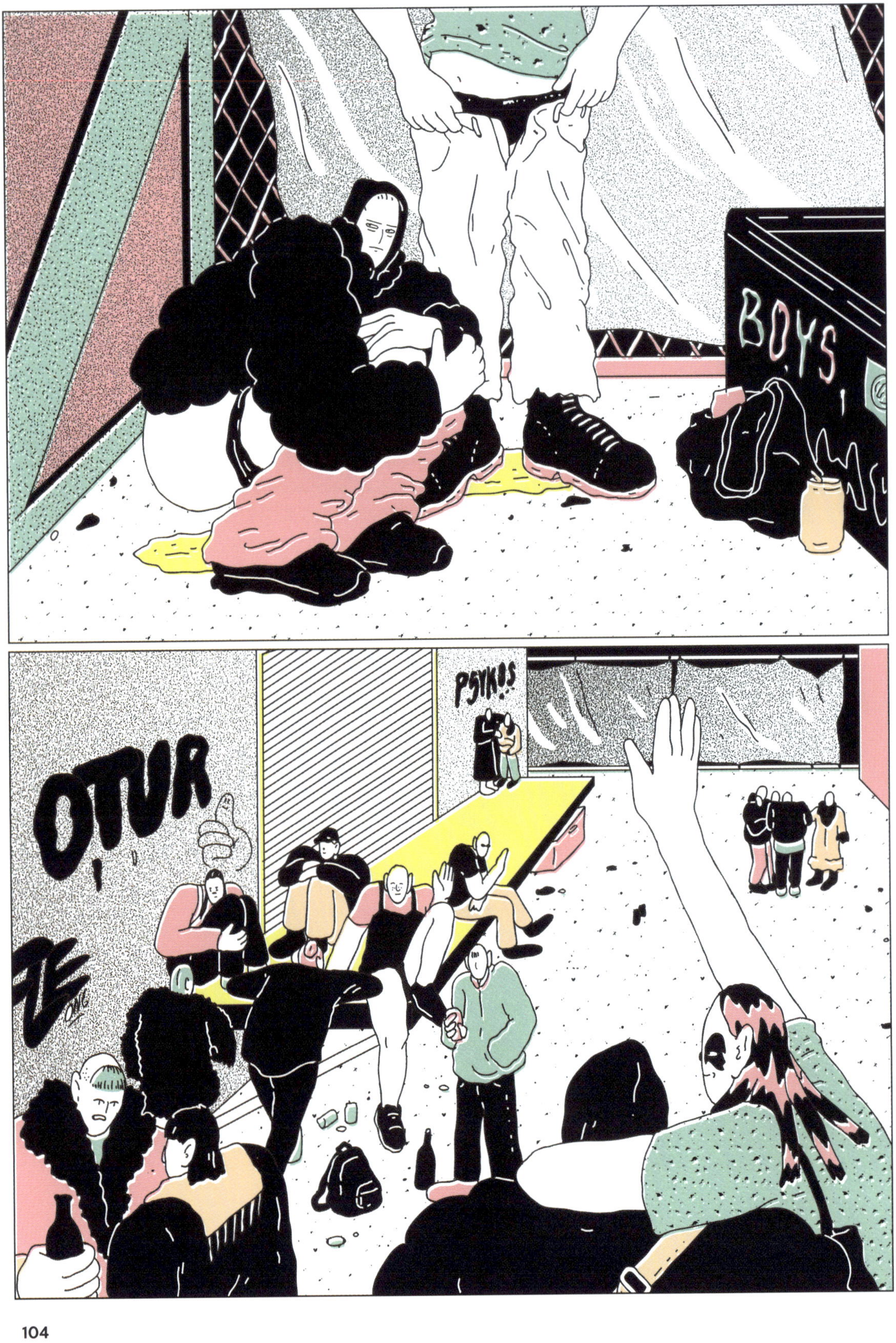
BOYS
OTUR
PSYKOS

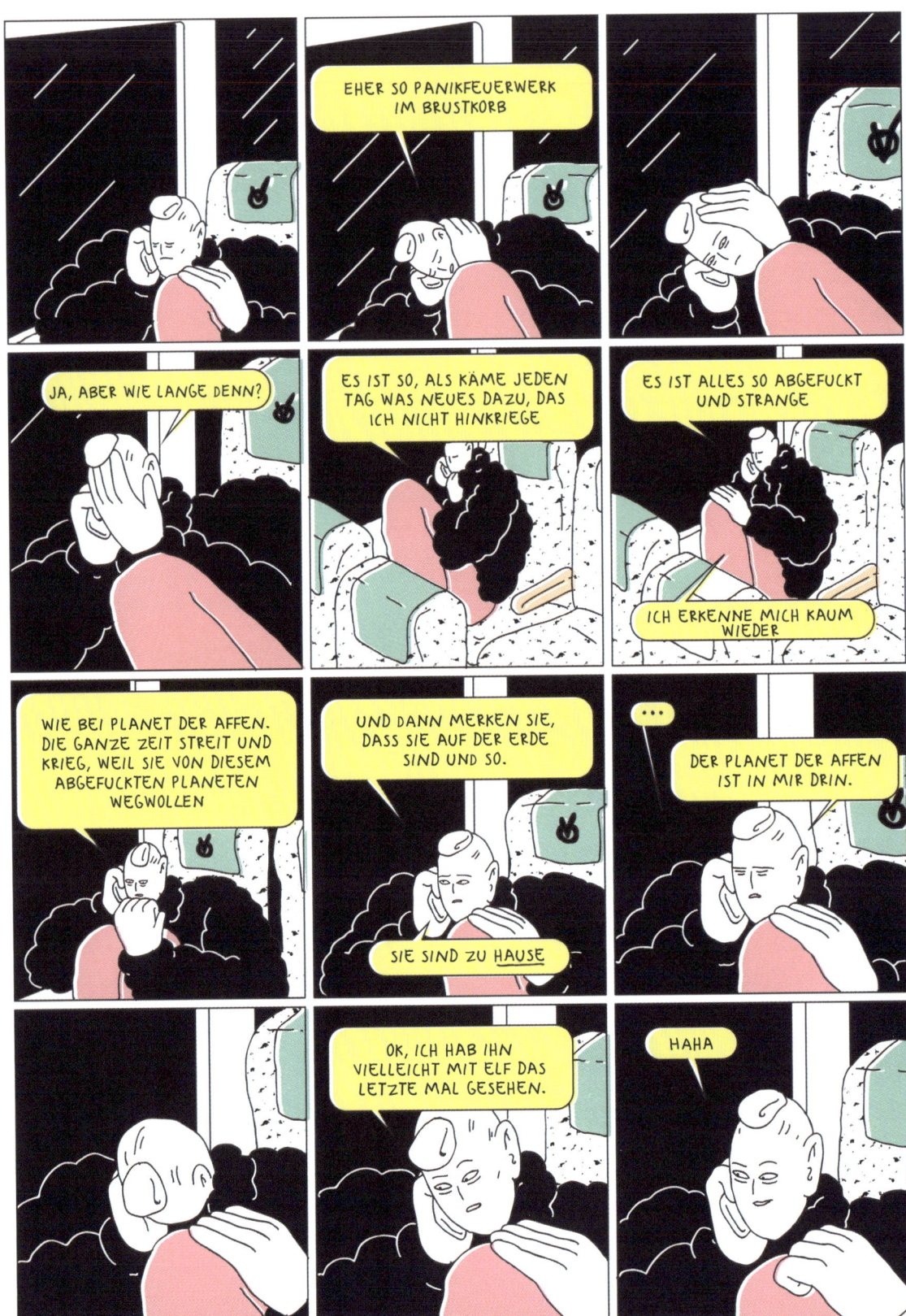

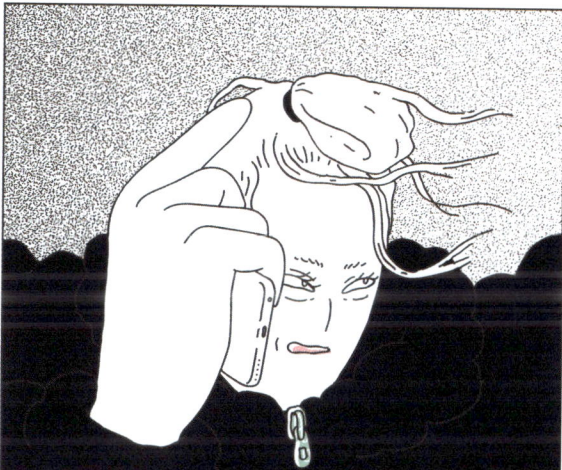

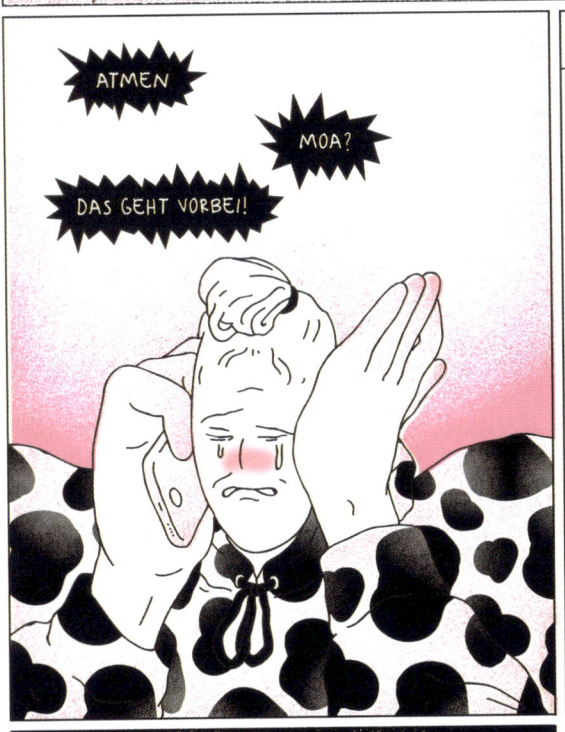
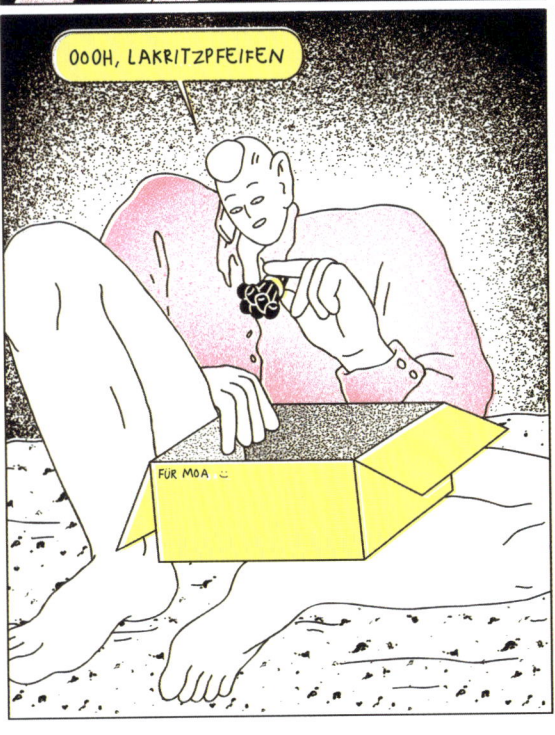

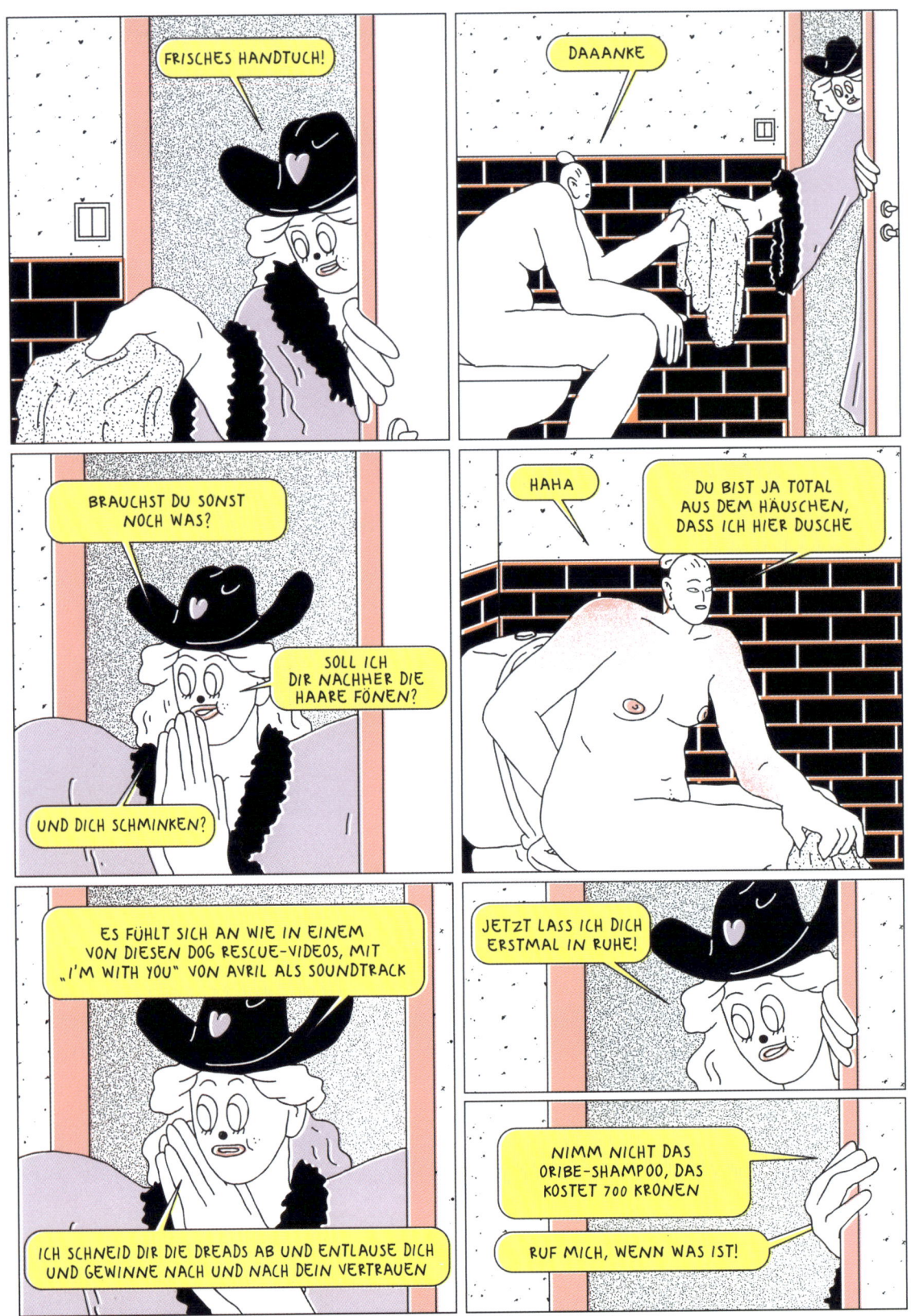

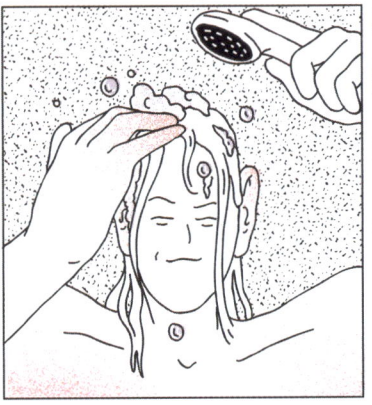

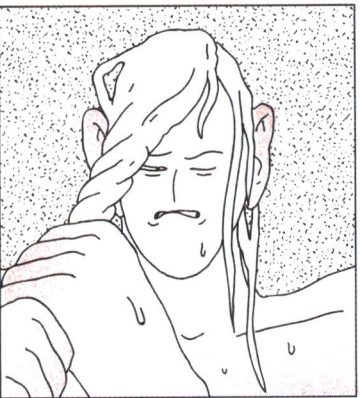

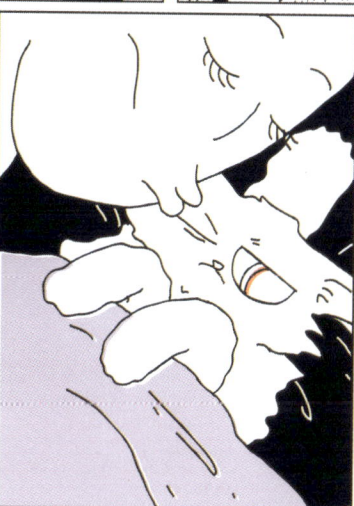

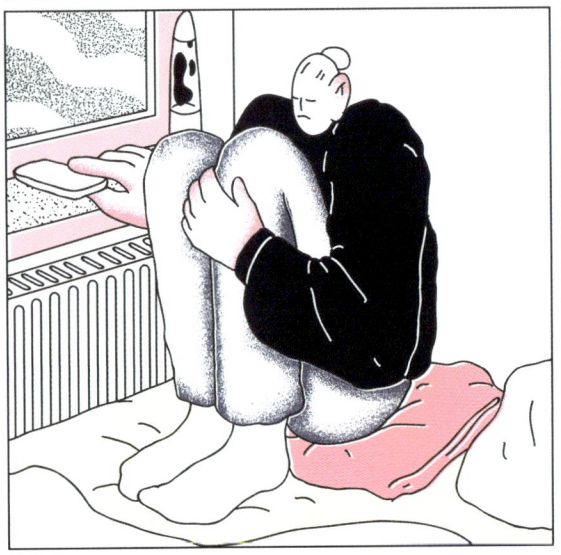
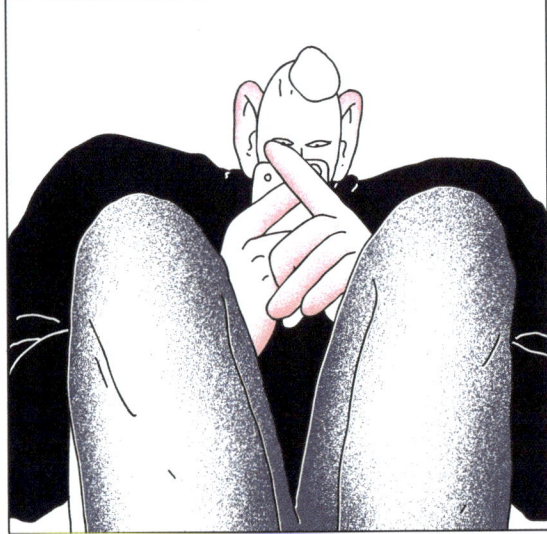

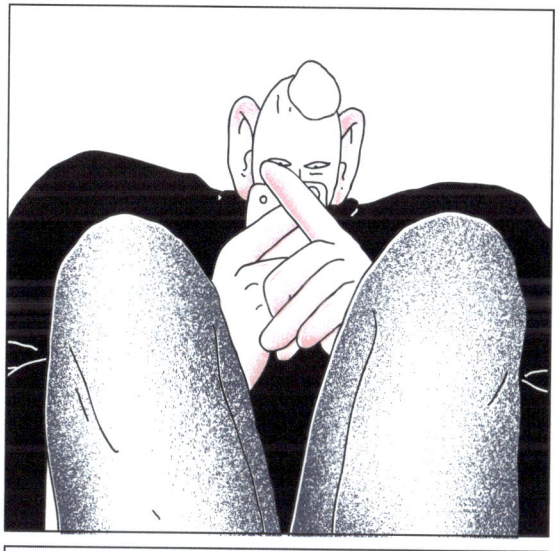
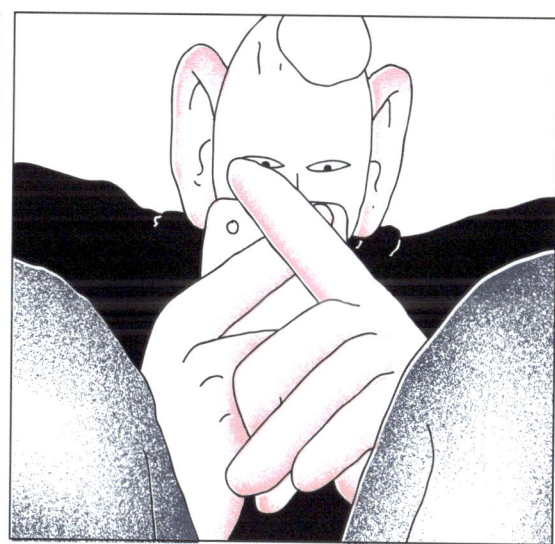

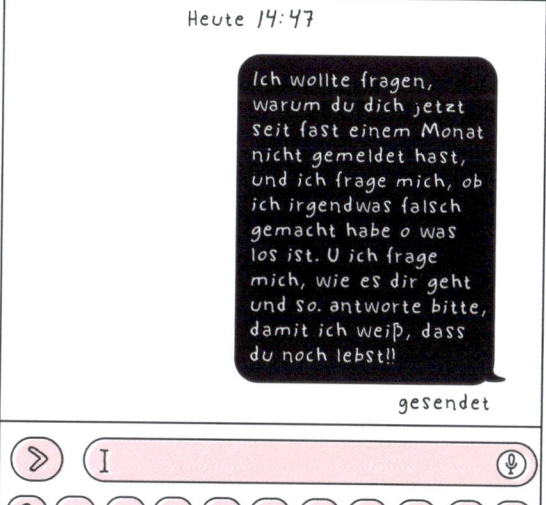

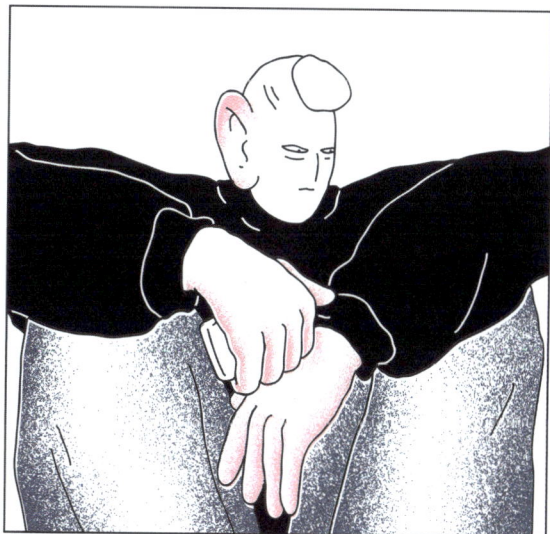

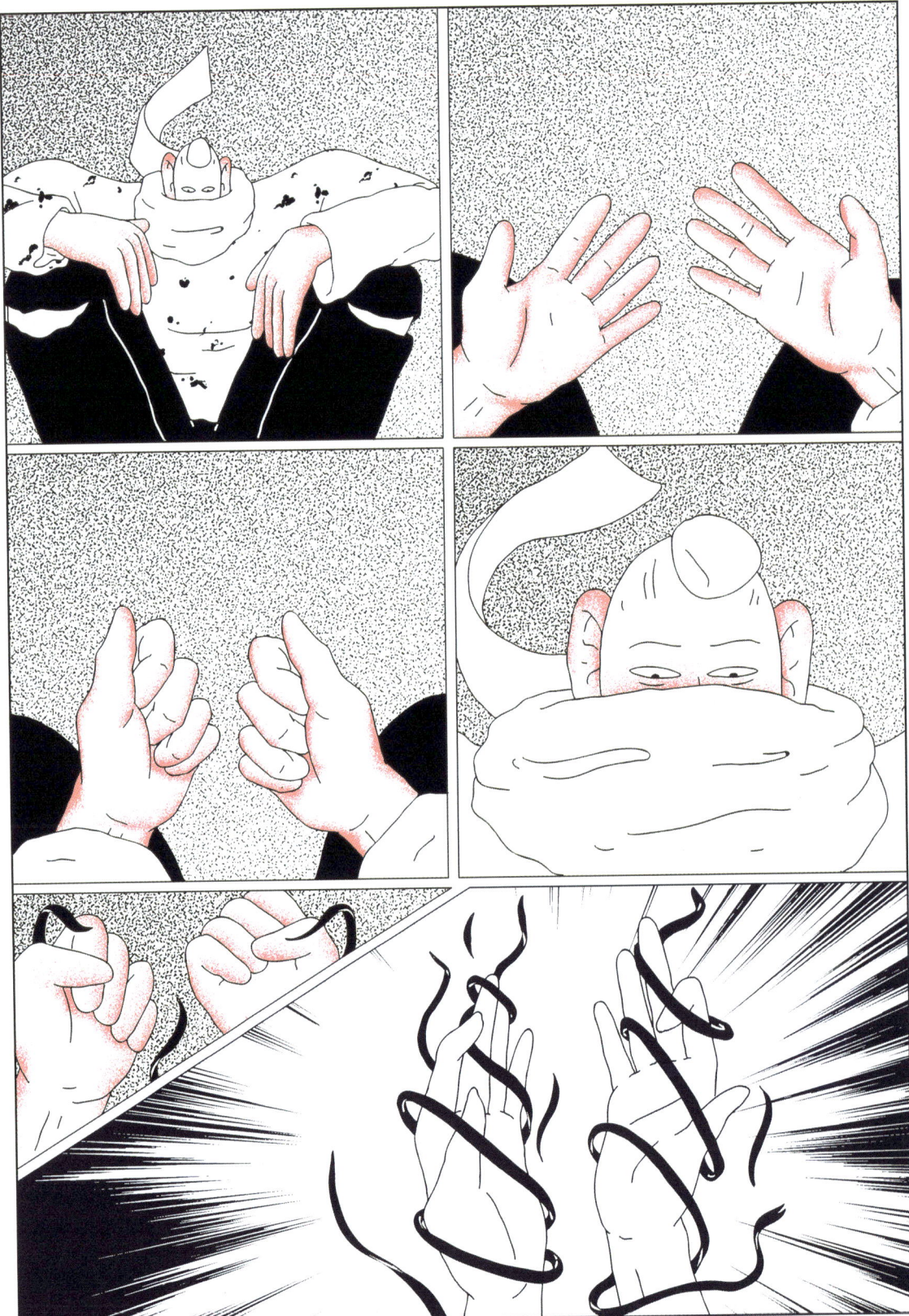

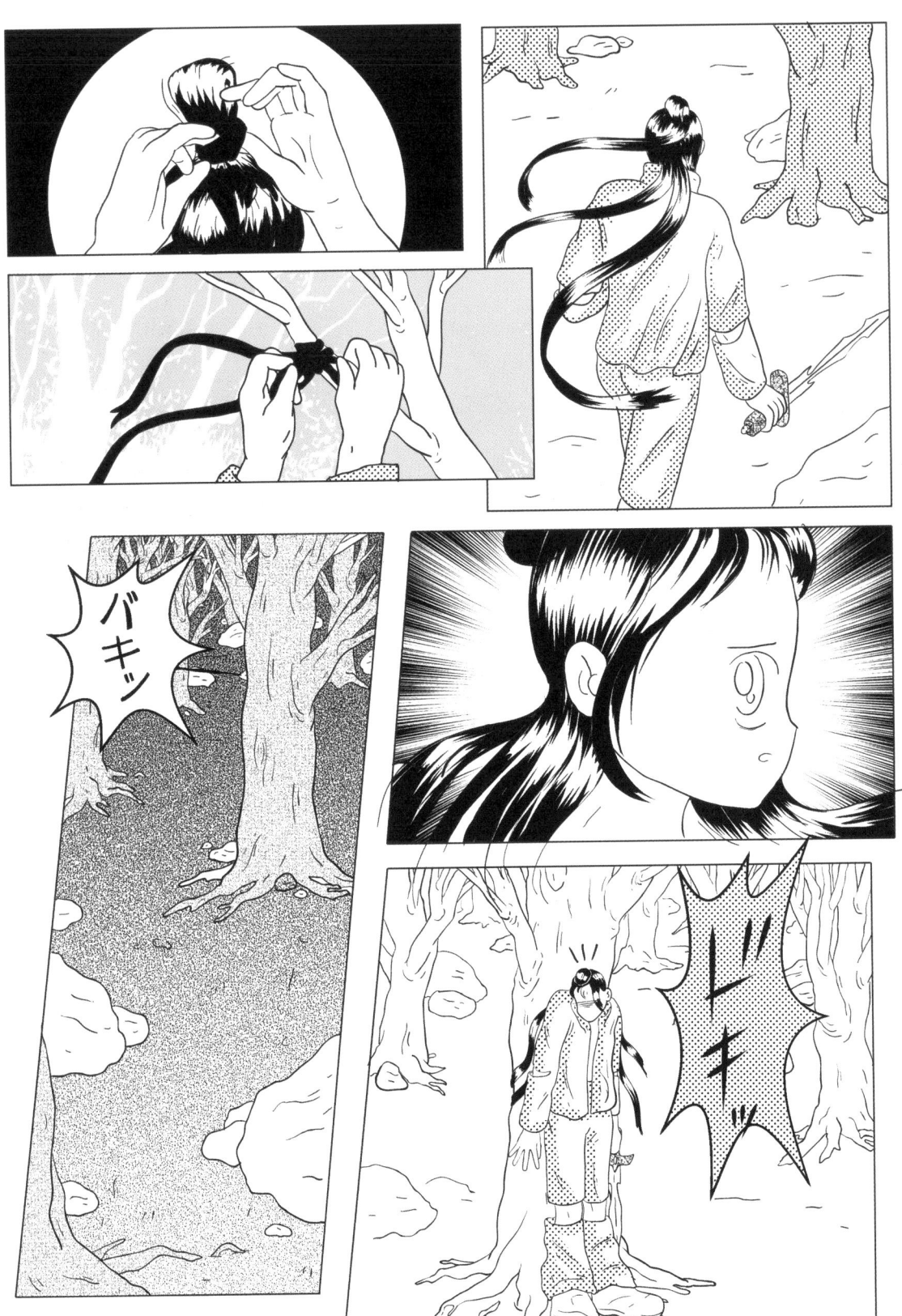

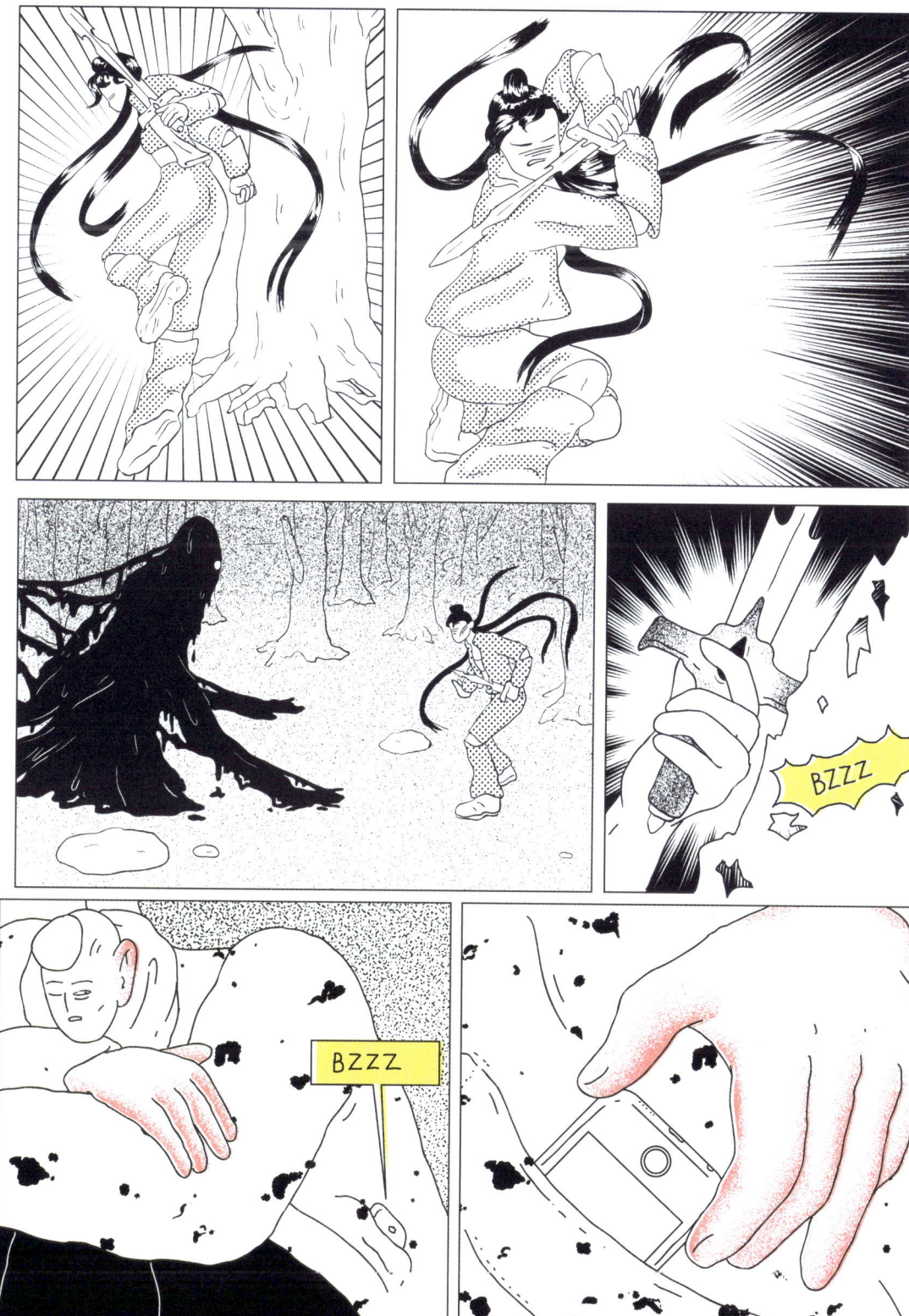

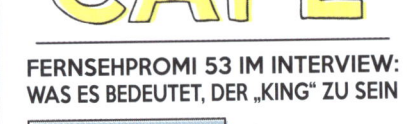

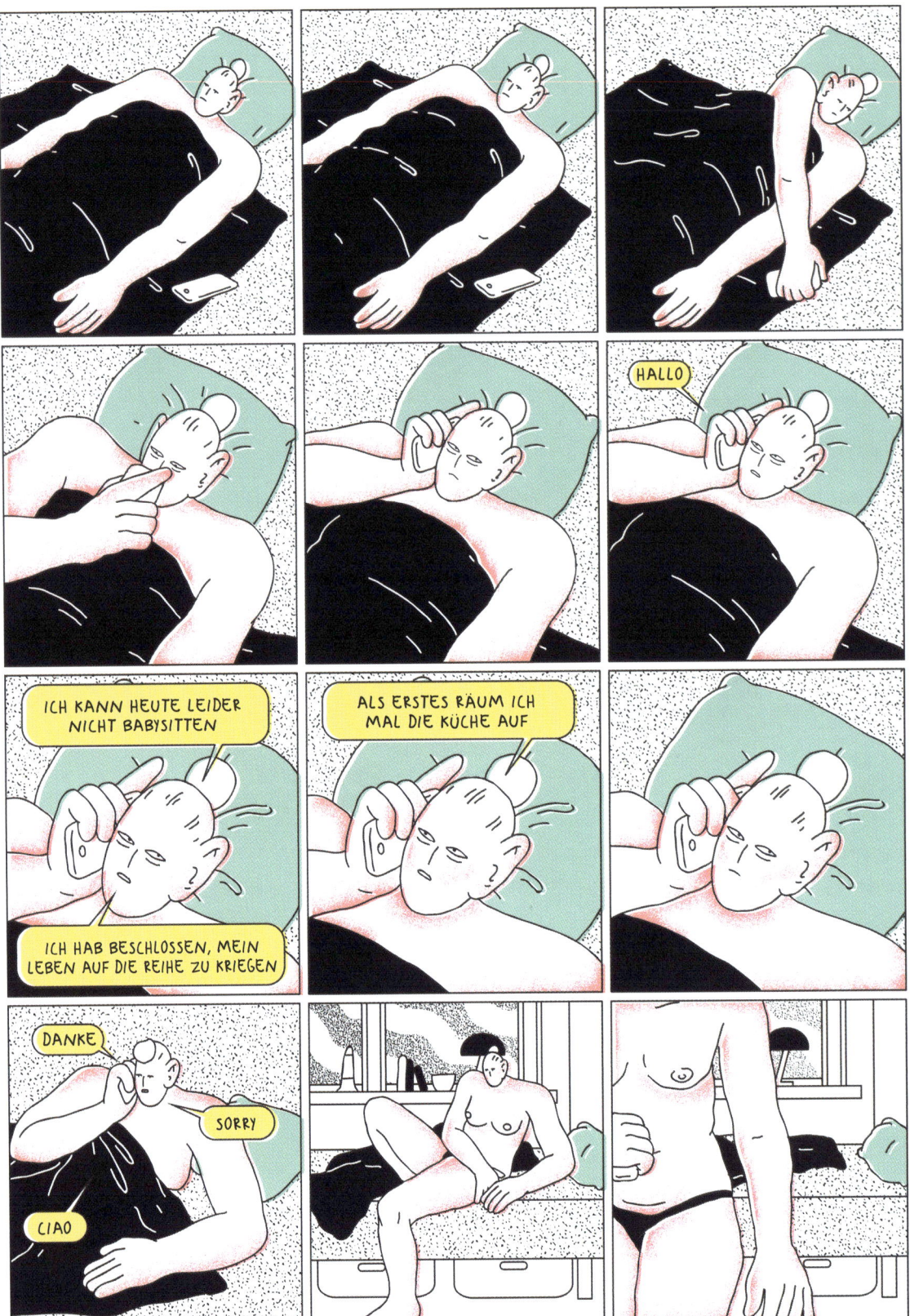

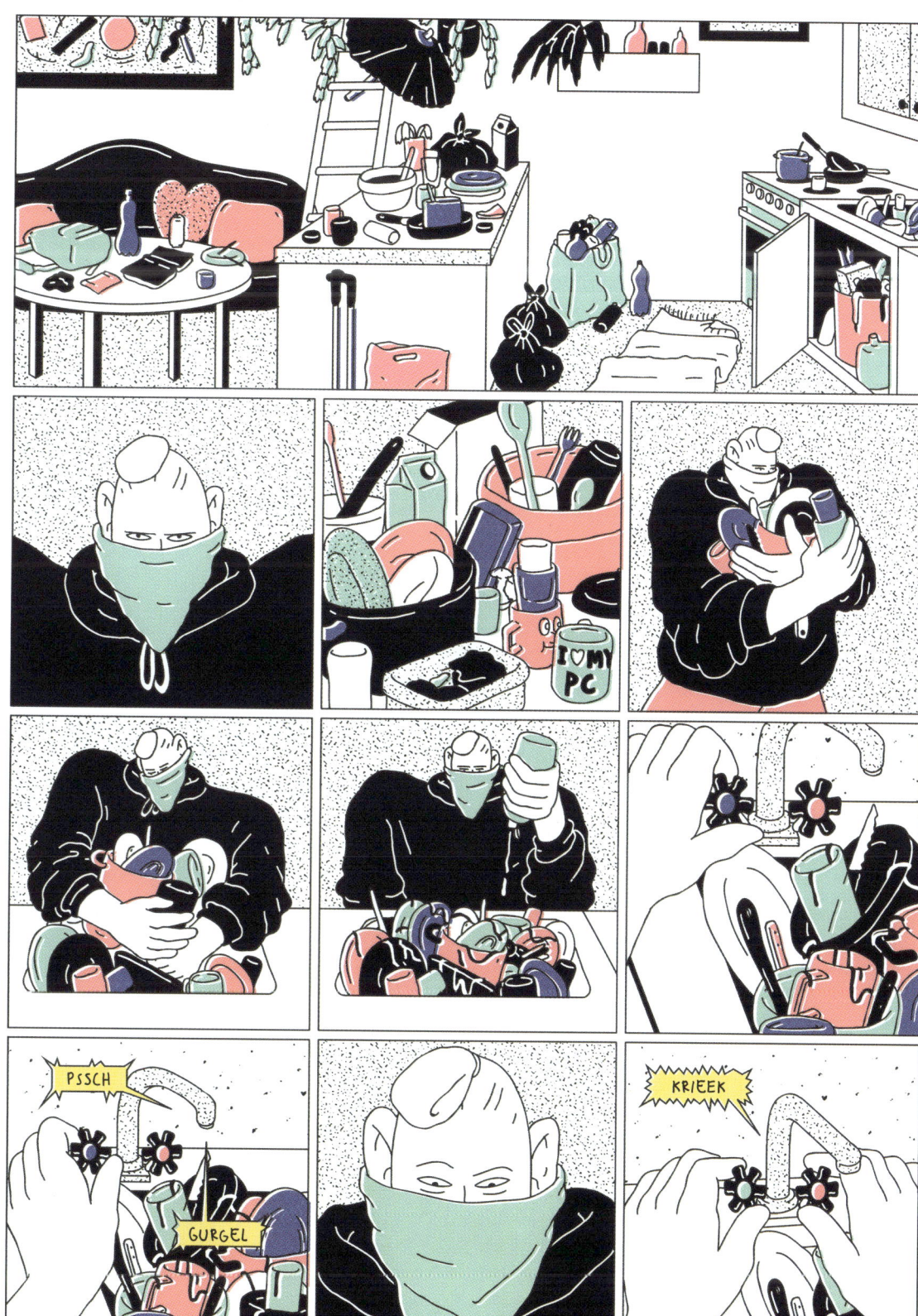

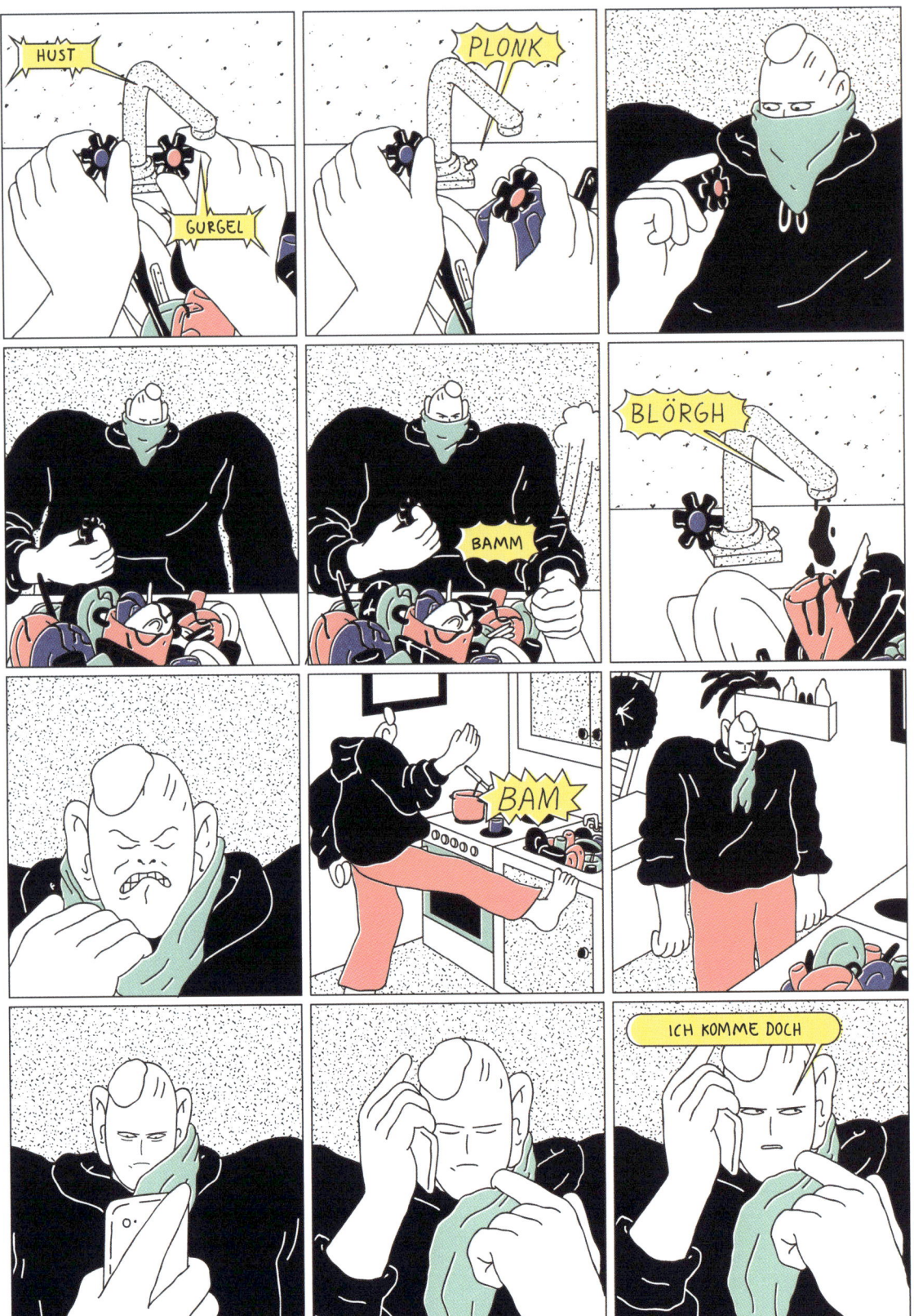

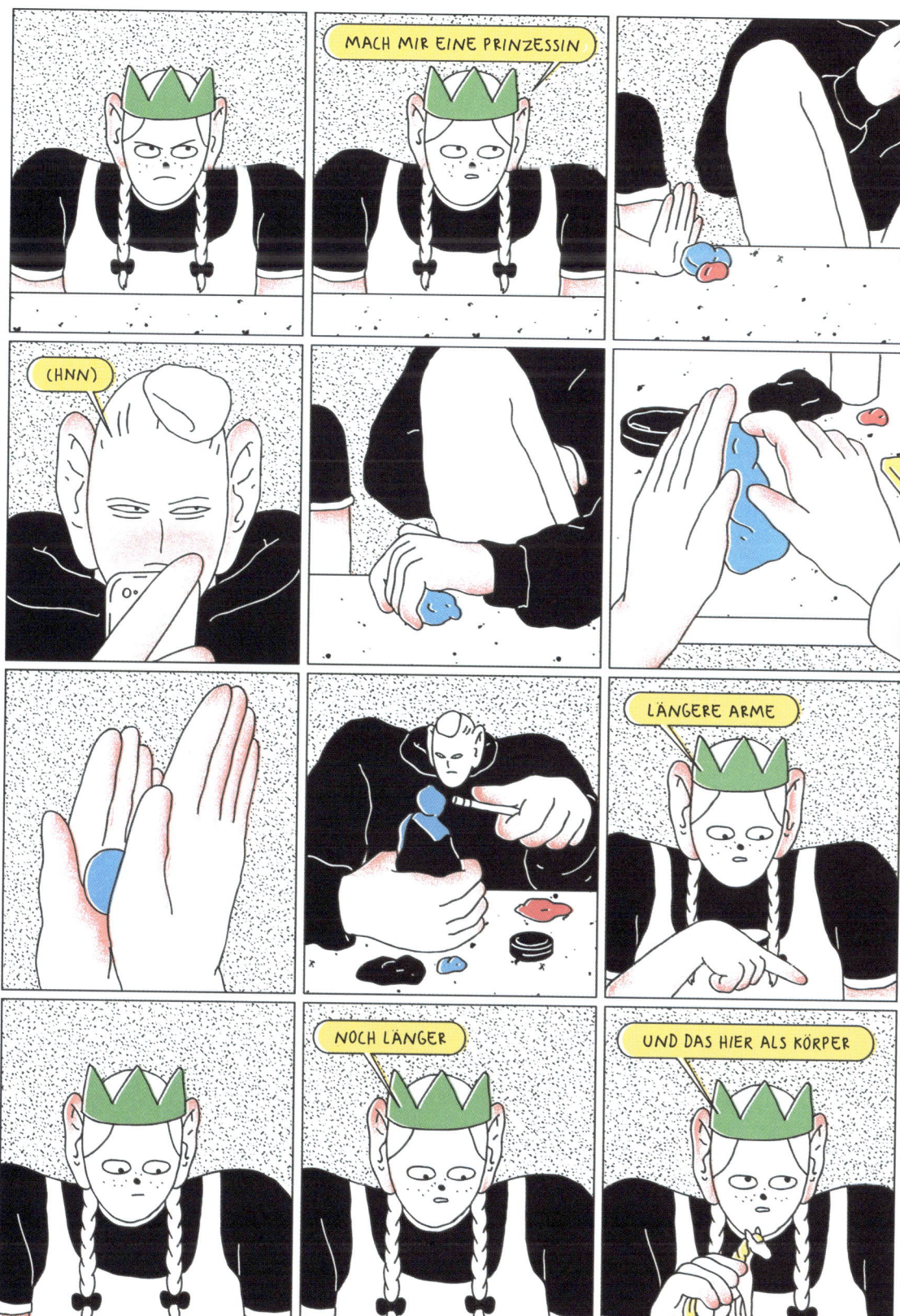

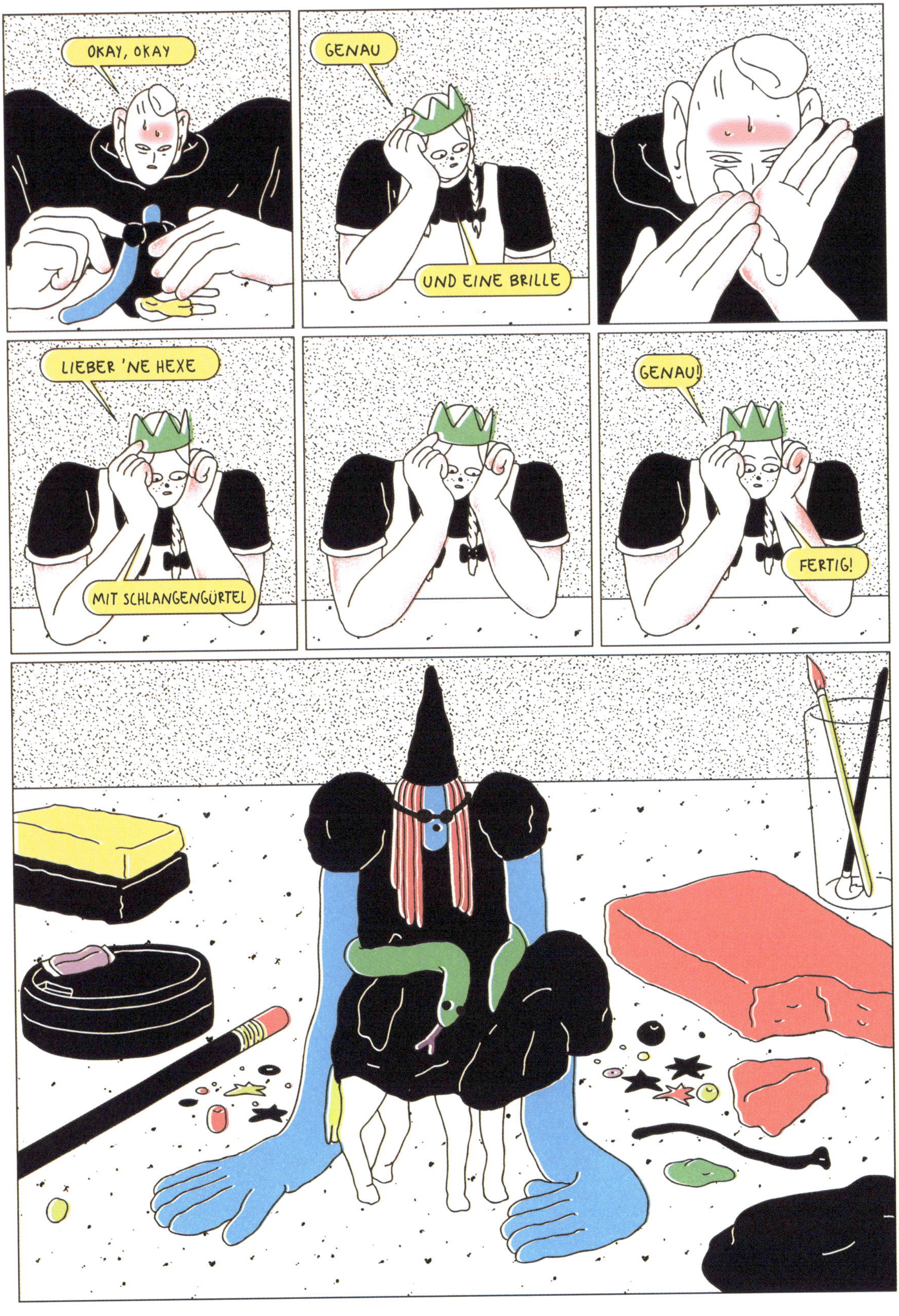

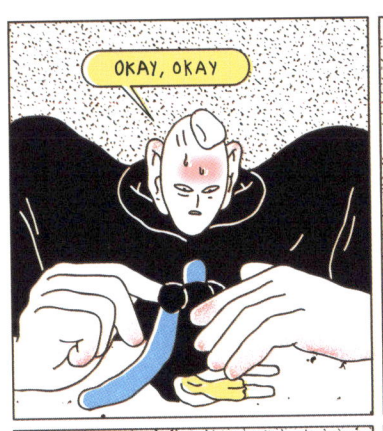

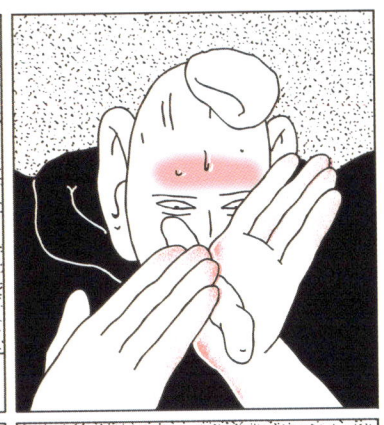

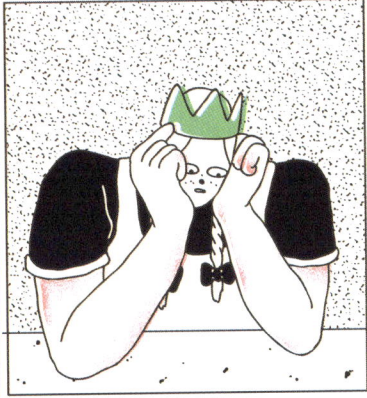

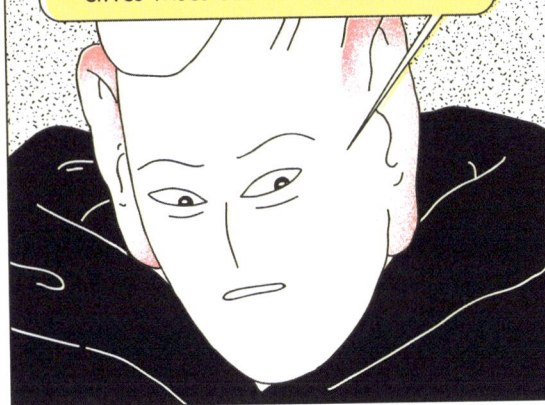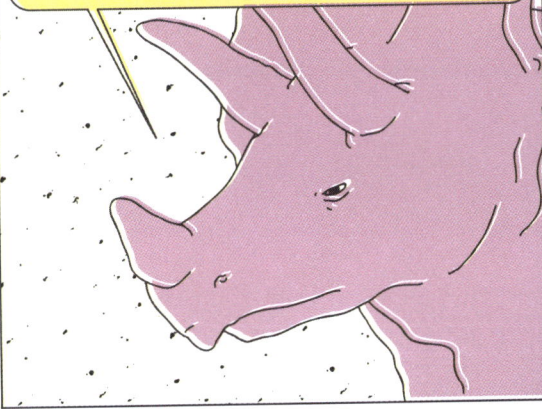

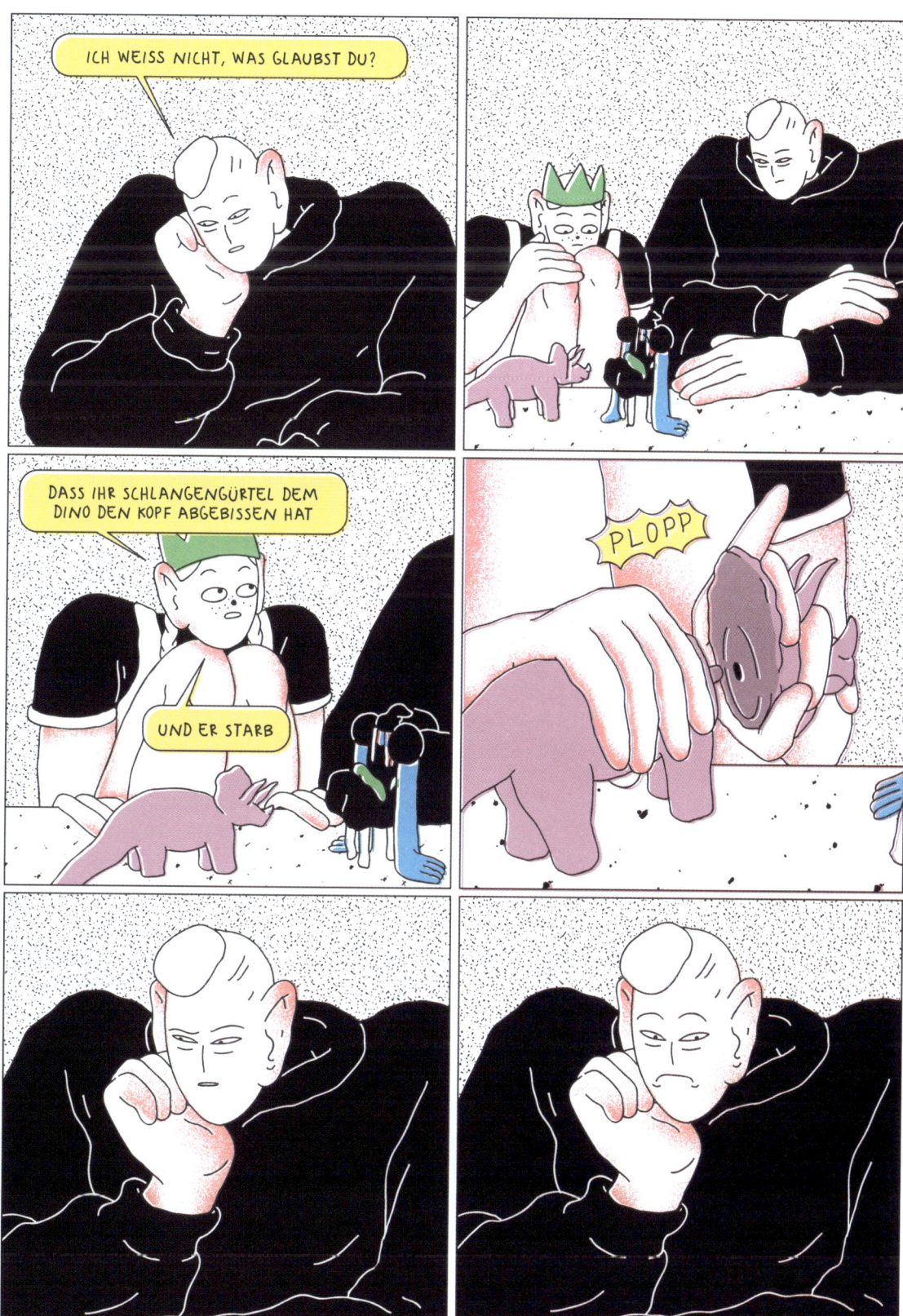

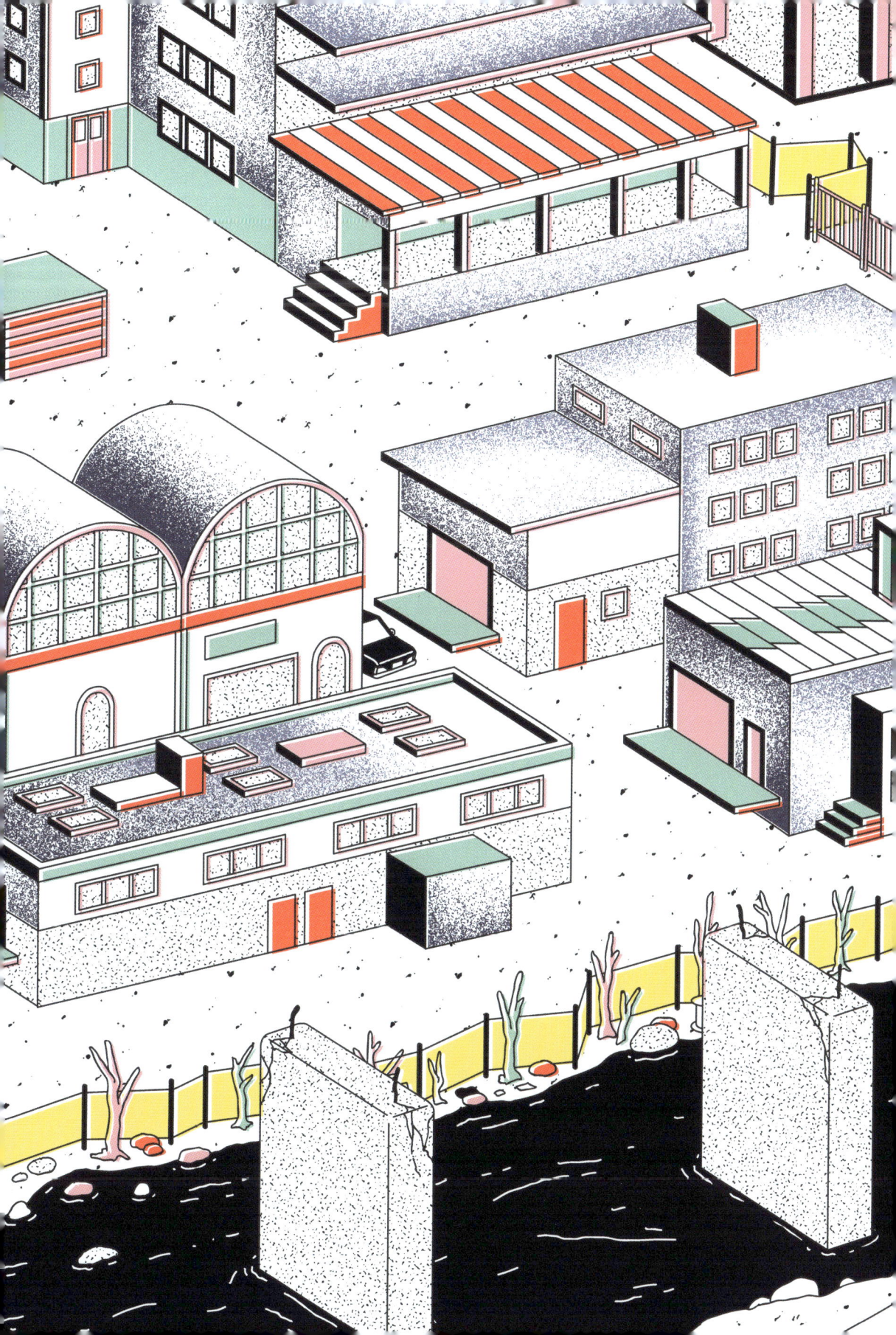

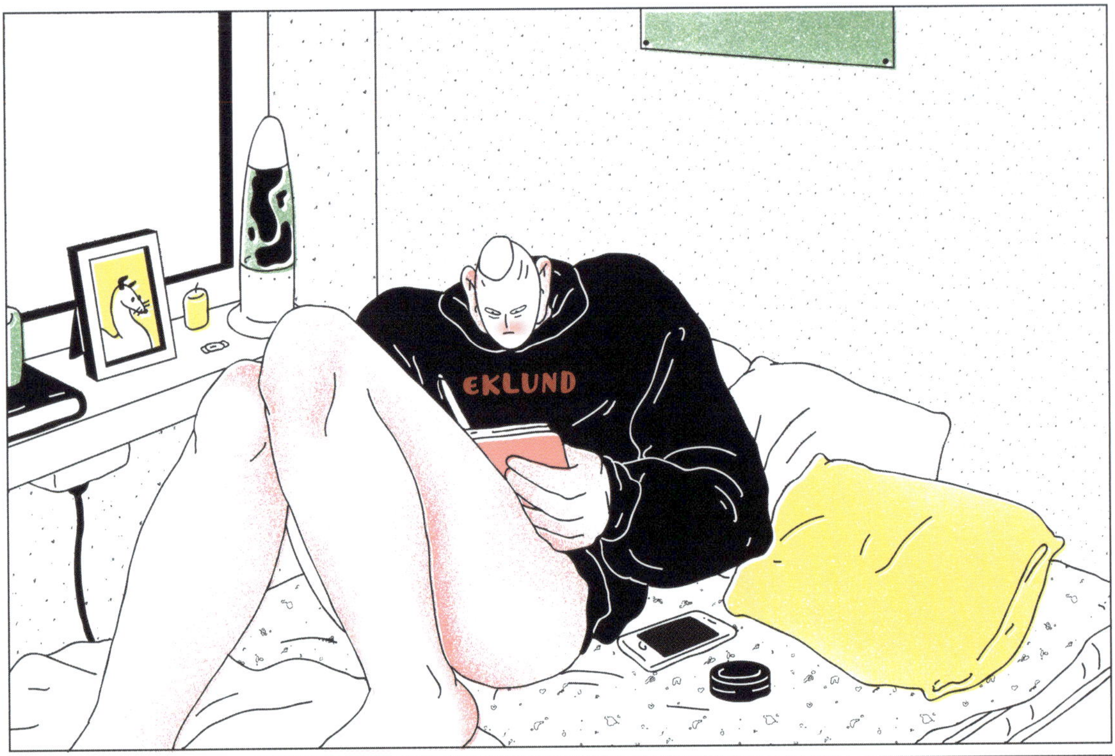

NICHT WIRKLICH WICHTIG.
GESTERN HABE ICH EIN JAHR BEKLOPPT
GEFEIERT, EIN JAHR SEIT BEGINN DER
PSYCHO UND DEM GANZEN NERVKRAM

ES WAR SO BESCHISSEN, ALLES WIEDER GANZ
VON VORN LERNEN ZU MÜSSEN. WAS ICH ALS
NEUER MENSCH GUT FINDE UND WAS ICH NICHT
HINKRIEGE UND WAS EINE GUTE IDEE IST UND WAS
KEINE GUTE IDEE IST.
ICH FÜHLTE MICH WIE EIN ROTZGÖR MIT BEIDEN
HÄNDEN AUF DER HERDPLATTE UND
SPÜLTABS IM MUND

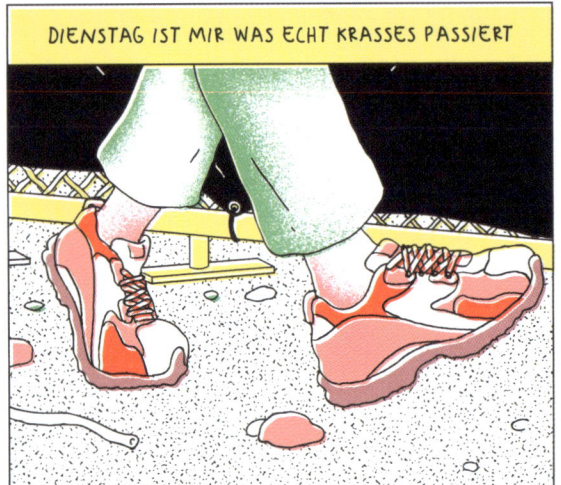

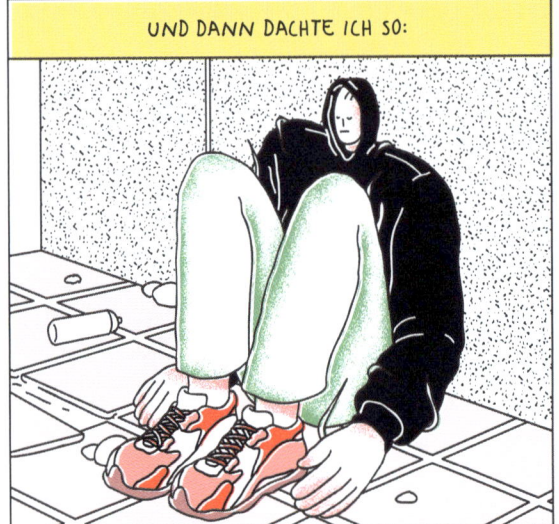

Ein großes, gesegnetes Dankeschön an euch, die ihr mich während der Arbeit an diesem Meisterwerk unterstützt habt. Mama, Papa und Mimmi. Danke an Isis und Joel, weil ihr so tolle Hundesitter und Schuldeneintreiber seid. Danke an Sarah, Åsa, Linda und Greta, weil ihr mich euch als Figuren habt zeichnen lassen, obwohl ich euch nicht gefragt habe. Danke an alle in Partyhallarna und an den Fernsehpromi.

Und last but not least: Danke an euch alle, die ihr mir das eine Mal Geld geliehen habt, als ich mehr als pleite war!!!

Linda, Cecilia W., Nathalie, Belinda, Malin, Louise, Agnes I., Isabelle, Olivia, Simon, Martin, Isis, Balthazar, Ninni, Paulsson, Mathilde, Anna P., C. Isacson, Linnea, Cim, Angelica, Anna E., F. Söderberg, Cecilia E., Michael, Johan, Gabriella, Astrid, Linh, Sam, Frida, Johanna, Johanna-Lovisa, Kicka, Martin, Ebba, Ella, Joel, Alice T., Alma, Ellen, Emma V., Sara N., Julia, Albin, Emma H., Julia W., Alexander, Johan, Sara W., Nenne, Hanna, Björk, Elin, Jacob, Thomas, Linda, Alicia und Ullis.

<3 <3